A NOSTALGIA DO VAZIO

**A leitura como espaço
de pertencimento dos adolescentes**

Título original: *La nostalgia del vacío. La lectura como espacio de pertenencia en los adolescentes*

© Pantalia Publicaciones, Zaragoza (España), 2018
© do texto: Freddy Gonçalves da Silva
© desta edição: Selo Emília e Solisluna, 2021

EDITORAS Dolores Prades e Valéria Pergentino
COORDENAÇÃO EDITORIAL Belisa Monteiro
TRADUÇÃO: Cícero Oliveira
PREPARAÇÃO E EDIÇÃO Cícero Oliveira
REVISÃO Catarina Cyrino Ackel Bollos
PROJETO GRÁFICO E DIAGRAMAÇÃO Mayumi Okuyama

A reprodução não autorizada desta publicação, no todo ou em parte, constitui violação de direitos autorais (Lei 9.610/98)

A grafia deste livro segue as regras do Novo Acordo Ortográfico da Língua Portuguesa.

A versão original deste ensaio foi fruto dos debates realizados pelo grupo de estudos Círculo Hexágono.

Dados Internacionais de Catalogação na Publicação (CIP)
(BENITEZ Catalogação Ass. Editorial, MS, Brasil)

S58n   Silva, Freddy Gonçalves da
1.ed.   A nostalgia do vazio : a leitura como espaço de
        pertencimento dos adolescentes / Freddy Gonçalves da
        Silva ; tradução Cícero Oliveira. – 1.ed. – São Paulo :
        Instituto Emília; Solisluna Editora, 2021.
        240 p.; 13,5 x 19,5 cm.

        ISBN : 978-65-88467-07-7

        1. Adolescência – Leitura. 2. Educação.
        3. Literatura 4. Sociedade. I. Oliveira, Cícero. II. Título.

09-2021/30   CDD 418.407

Índice para catálogo sistemático:
1. Leitura : Adolescência : Educação 418.407
Aline Graziele Benitez – Bibliotecária – CRB 1/3129

Selo Emília
emilia.org.br
seloeditorial@revistaemilia.com.br

Solisluna Editora
www.solisluna.com.br
solisluna@solisluna editora.com.br

Freddy Gonçalves da Silva

A NOSTALGIA DO VAZIO

A leitura como espaço de pertencimento dos adolescentes

Tradução Cícero Oliveira

Sumário

QUERO MORAR NESTE LIVRO **7**

A LEITURA (E A FICÇÃO) COMO ESPAÇO DE PERTENCIMENTO DOS ADOLESCENTES **12**

AGRADECIMENTOS **18**

EXERCÍCIOS COTIDIANOS **22**

RITOS DE TRANSIÇÃO **40**
- 55 A perda
- 64 O apego
- 80 A resistência
- 111 A diversidade

RITOS DE PERTENCIMENTO **118**
- 129 A morte
- 134 O ambíguo
- 138 A indolência
- 143 A culpa

146 A angústia
150 (In)segurança
153 Renascer
154 O amor

IDENTIDADE **168**

171 Os fragmentos
174 As âncoras sociais
177 Tornar-se

NOSTALGIA **182**

EPÍLOGO INESPERADO, NOTAS DO PRESENTE **196**

NOTAS BIBLIOGRÁFICAS **209**

BIBLIOGRAFIA **218**
218 Obras de consulta
223 Obras de ficção
235 Filmes
236 Séries

Quero morar neste livro

Ser. Ser parte. Ser outro. Ser outra. Ser com outros e outras.

Meu primeiro encontro com Freddy Gonçalves foi em 2019, por ocasião do II *Seminário Internacional Arte, Palavra e Leitura,* promovido pelo Instituto Emília e a Comunidade Educativa CEDAC. Convidada para mediar a mesa "Literatura sem fronteiras", integrada por Freddy, Adolfo Córdova e Maria Osorio – três vozes importantes da literatura para adolescentes e jovens –, teci um roteiro que acalentasse minhas indagações de ativista da leitura e, ao mesmo tempo, nos deixasse à vontade diante dos cerca de mil participantes.

Propus que nossa conversa partisse das seguintes perguntas: Os jovens leem? O que leem? O que escolhem? O que lhes é oferecido? Quais as características de uma literatura para adolescentes e jovens? De quais juventudes falamos? Há fronteiras na literatura? O que acontece quando adolescentes e jovens cruzam fronteiras físicas ou simbólicas? O que se dá quando a literatura impulsiona corpos-jovens a sonhar e a ocupar espaços inimaginados?

Na preparação, conheci o *PezLinterna*, projeto cultural e blog de promoção e investigação sobre cultura e literatura para crianças e jovens, criado e codirigido por Freddy desde 2011. Trata-se de um espaço colaborativo de leitura, intercâmbio de ideias e crítica literária "com os jovens" e não "para os jovens". Nos clubes de literatura, os(as) adolescentes e jovens passeiam entre clássicos e *mangás*, ficção científica, música, séries televisivas; falam sobre refúgio, rebelião, fé, esperança, resistência, diversidade entre outros temas.

Li em algum lugar, que o *PezLinterna* tem como propósito encurtar as distâncias entre os jovens e a ideia de arte, proporcionando pertencimento à ficção, apropriação da palavra e elevação da leitura a um patamar além da obrigação e da distração. Perguntei ao Freddy: "Vocês conseguiram"? A resposta detalhada, aprofundada, ampliada e generosa à minha pergunta chega agora em *A nostalgia do vazio*: "Sim, conseguimos!"

Atravessando memórias da adolescência de seu pai e de sua mãe sobre o processo migratório de Portugal para a Venezuela, uma trilha sonora e conversas com um taxista adolescente e os muitos diálogos nos clubes de leitura com jovens, Freddy chega ao conceito de "nostalgia" como "falta ancestral", "vazio", "silêncio" que pode ser preenchido pela literatura. Citando a autora Graciela Montes, conclui: "Tem que haver um vazio que será preenchido lendo. Se o vazio não estiver ali, de nada adianta empurrar a leitura para dentro. Essa é a condição prévia. O vazio, metaforicamente a pergunta, o que não se sabe, o que faz falta".*

A literatura é apresentada em sua diversidade de gêneros, como caminhos, desvios, veredas a embrenhar-se, perder-se e encontrar-se consigo e com outros e outras. Freddy observa que, nas sagas das personagens, os(as) adolescentes encontram a coerência desejada nas relações do mundo real. Torcem pelos protagonistas ou personagens secundários. Buscam refúgio nos enredos. Rebelam-se. São capazes de defender um livro como defendem um irmão. Em dado momento, o autor afirma: "Ler é como arrumar as malas"; na sequência, indaga: ou "escrever é arrumar as malas e ler é desfazê-las?"

Para organizar suas reflexões, o autor percorre cerca de 20 filmes, 50 séries, 200 obras de ficção e 50 livros técnicos de autorias de diferentes origens geográficas. A cada seção do livro, vamos percebendo

---

* MONTES, G. *Buscar indícios, construir sentidos*. Tradução de Cícero Oliveira. São Paulo: Selo Emília/Solisluna, 2020, p. 33.

similaridades e distinções nos ritos de pertencimento dos(as) adolescentes: a morte, o ambíguo, a indolência, a culpa, a angústia, a (in)segurança, o renascer, o amor, a nostalgia.

Enquanto escrevo essa apresentação, tenho em minha mesa o roteiro do seminário "3x22: diálogos improváveis", que coloca em debate o bicentenário da independência do Brasil (1822), o centenário da Semana de Arte Moderna (1922) e os atuais desafios (2022). Coube-me a mediação da mesa "Memória é vela ou âncora"? – indagação do jornalista e escritor Eric Nepomuceno. Talvez uma resposta possível, esteja na epígrafe de abertura desse livro:

– Então, não poderei ser exatamente um humano? – Peter perguntou.
– Não.
– E nem exatamente um pássaro?
– Não.
– E o que vou ser?
– Será um pouco de um e um pouco do outro (...).*

---

* BARRIE, J. M. *Peter Pan – A origem da lenda*. Tradução de Suria Scapin. São Paulo: Universo dos Livros, 2015, arquivo digital.

Freddy é homem-pássaro. E nos dá uma aula sobre voo, com pés bem firmes no terreno da leitura. Nós – educadores(as), mediadores(as) de leitura, pesquisadores(as) e interessados(as) nas relações entre leitura, literatura, adolescência e juventudes – somos convidados(as) a voar com ele. Pode ser um voo breve ou um daqueles longos voos migratórios. Seja qual for a escolha, temos um instigante texto como bússola, que certamente nos ajudará a ir e voltar por muitas estações. Como dizem os(as) adolescentes desse tempo: "Quero morar neste livro!".

Bel Santos Mayer

A leitura (e a ficção) como espaço de pertencimento dos adolescentes

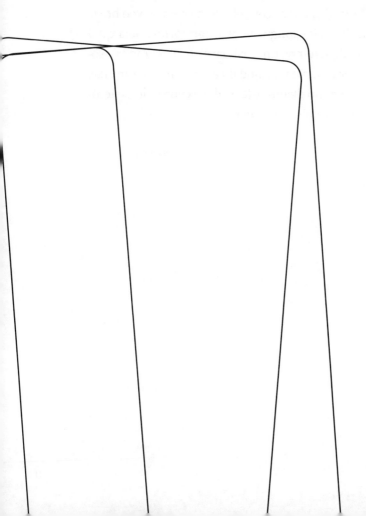

Falar de Freddy é pensar naqueles filmes que muitos diretores etiquetam como *coming-of-age*.* Aquela época em que se está cheio de acne e hormônios e se quer obter respostas da vida. Do Banco del Libro** (na Venezuela), da editora El Bosque de La Maga Colibrí (na Espanha) ou SM (na Colômbia), Freddy, sempre inquieto, estava aberto a quem quisesse se somar a seus propósitos, obsessões e histórias. Tudo ao seu redor parecia ter em si o potencial de despertar inquietudes e ideias que poderiam se converter em um novo projeto.

Sua viagem começou na Escuela de Letras da Universidad Católica Andrés Bello, aos 22 anos. Mais

---

* Gênero na literatura e cinema que enfatiza o crescimento do protagonista da juventude para a idade adulta ("maioridade") [NT].

** O Banco del Libro é uma organização sem fins lucrativos para a promoção da literatura infantil, com sede em Caracas, Venezuela. Foi criado em 1960 como um centro para a troca de livros didáticos – daí seu nome [NT].

tarde, o descobrimos no papel de roteirista de novelas e séries de grande reconhecimento na América Latina (por mais de dez anos), em que se destaca a primeira série juvenil latino-americana para o canal MTV. Dessa forma, e inesperadamente, ele se torna promotor de leitura no Banco del Libro.

Esta instituição foi o centro dos trabalhos e pesquisas de Freddy durante quatro anos (embora ser um *"bancolibrero"* seja um compromisso para a vida toda). Suas inquietudes giravam em torno das relações entre a promoção da leitura e a cidadania, os processos de leitura de crianças e adolescentes e o espaço que os jovens ocupam dentro das obras que buscam descrevê-los. Por vários anos, dirigiu o Comitê de Seleção e, resgatando um dos projetos da instituição, no âmbito dos Melhores Livros para Crianças e Jovens, reuniu cinco jovens de idades distintas e os colocou para refletir, ler e discutir livros vencedores. Desse grupo, nasceu o *Librogénitos*,* que continua com três deles que, apesar da distância, ainda se encontram

---

* *Librogénitos* é um projeto de clubes de leitura com adolescentes, que se formou em colaboração com o Banco del Libro da Venezuela. Seus integrantes buscam um espaço próprio para contar suas experiências e investigar a crítica literária de um gênero que as Academias consideravam menor [NT].

nas mesmas discussões em torno da categoria literatura juvenil e seus mundos possíveis.

Entre os trânsitos que o caracterizam, Freddy aterrissou na Colômbia para se unir à equipe da editora SM como coordenador de marketing de literatura infantojuvenil. Organizava os estandes de feira do livro e grandes eventos com autores e ilustradores sobre o tema. Depois de três anos, um novo avião esperava por ele para voar a outro continente. Na rede dessas rotas de voo, publicava trabalhos de pesquisa em diversas revistas especializadas (*CLIJ*, *Barataria*, *Faristol*); dava aulas no mestrado em Livros e Literatura para Crianças e Jovens da Universitat Autònoma de Barcelona e, anos depois, na Universidad de Zaragoza.

Em paralelo, construiu o projeto *PezLinterna*,* uma revista de promoção e pesquisa de cultura e literatura para crianças e jovens, na qual os clubes de leitura têm um papel central. Assim, além de ilustradores, autores, editores, promotores e especialistas, a revista se alimenta de grupos como *Librogénitos* e dos clubes de leitura das bibliotecas públicas da Prefeitura de Gijón e Barcelona, na Espanha, assim como de jovens da Colômbia e da Nicarágua, visando servir

---

* A *PezLinterna* está disponível gratuitamente on-line, podendo ser acessada por meio do seguinte link: <tinyurl.com/377t2d9j> (Acesso: 13. jul. 2021) [NT].

de plataforma para os projetos e propostas de seus integrantes que transcendam os espaços e momentos do encontro.

São essas mesmas vozes que Freddy reúne e exalta, aquelas que aparecem constantemente em seus livros (três romances publicados com a editora Planeta). Em suas histórias, encontram-se a imaginação, as decisões da infância e os temas da idade adulta. Freddy nos abre as portas para as vozes dessas crianças e de suas visões do mundo, deixando-nos sempre com uma certa saudade dos protagonistas. Em todas as suas andanças, Freddy mostrou que um gênero muitas vezes pouco valorizado é capaz de se reinventar e lançar em todos uma rajada de ar fresco.

Texto escrito a seis mãos pelos membros do Librogénitos
Lorena Ayala, Jaime Yáñez e Ramón Barreto.

Agradecimentos

Aos jovens que leem, veem, ouvem, sentem, duvidam, conversam, compartilham e confiam em suas leituras e ficções.

Lorena, Jaime, Ramón, Valerie, Sebastián, Leila.

Sara, Vicky, Elena, Itsasne, Silvia, Marina, Lucía, Sara, Dani, Manuel, Darío, Carlos, Hugo, Pelayo.

Sofía, Sara, Aída, Ainhoa, Maya, Violeta, Valentina, Luis, Eduardo, Daniela, Erika, Eloy, Ariel, Adry.

Eva, Alma, Lara, Elyana, Rosa, Tamara, Lucía, Irene, Raquel, Celia, Ángela, Hugo, Telmo, Juan, Pelayo, Sara, Nuria, Isabel.

Cecilia, Cristina, Carlota, Deva, Raquel, Alexandra, Andrea, Guillermo, Héctor.

Verónica, Leire, Nour, Omaya, Abir, Amal,
Ariadna, Blanca, Fiorella, Adahara, Carla, Laia, Alba,
Valeria, Valentina, Erica.

Angélica, Alejandra, Carol, Daniela,
Karen, Laura Valentina, Luisa Fernanda, Manuela,
Sofía, Tomás, Valery, Sofía T.

...

— *Então, não poderei ser exatamente um humano? —*
Peter perguntou.
— *Não.*
— *E nem exatamente um pássaro?*
— *Não.*
— *E o que vou ser?*
— *Será um pouco de um e um pouco do outro (...).*

BARRIE, James Matthew. *Peter Pan – A origem da Lenda*. Tradução de Suria Scapin. São Paulo: Universo dos Livros, 2015, arquivo digital.

Exercícios cotidianos

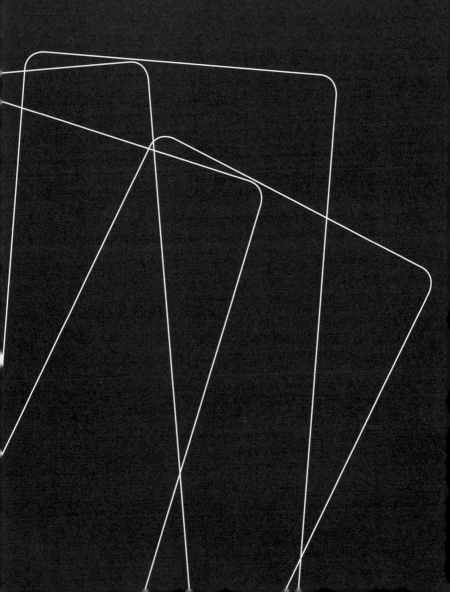

Presumi, antes daquela quinta-feira de outubro, que a chuva era um exercício cotidiano para todos. Foi em um táxi, quando o jovem motorista, que tinha apenas 18 anos, começou a me contar as razões pelas quais o trânsito provocado pela tempestade não o desesperava. Coloquem-se no meu lugar, não parecia coerente: ele era muito jovem, com um carro, em uma cidade grande, ouvindo salsa.* **Nada** fazia sentido. Ele, parcimonioso, abaixou o volume da música que tocava no rádio, quase profética – "É que você

---

* A salsa nasceu nos bairros latinos de Nova York. Ali os jovens, que viviam ao ritmo da cultura popular internacional, ouvindo rock, recebendo todos os valores veiculados pela publicidade estadunidense, movendo-se desesperadamente entre a autenticidade e o desenraizamento, passaram a usar a salsa como única manifestação capaz de cantar suas vivências cotidianas". A citação pertence a *El Libro de la salsa: Crónica de la música del Caribe urbano*, de César Miguel Rondón, publicado originalmente pela Ediciones B, em 2007, e numa nova edição em 2019, pela editora Turner [NA].

não sabe para que servem os sentimentos de outra pessoa*" –, e começou a me falar de seu primo, dois anos mais novo, que havia nascido e crescido em uma cidade perto do deserto do Atacama e que havia se mudado recentemente para Bogotá. "Ele estava em casa, ouviu a chuva e foi se molhar". A imagem é talvez um pouco clichê e surpreende justamente por ser inesperada. No século XXI, ainda existem pessoas que não conhecem a chuva? Foi quando o menino, vítima da nostalgia, terminou dizendo: "Quando penso em como ele estava feliz, lembro-me de meu pai, que viajou para conhecer o mar no ano passado". Pois é, neste século XXI, que não faz nada além de começar incessantemente, corremos o risco de presumir muito sobre o outro.

Passei uma semana remoendo essa história. Tomei emprestada uma nostalgia que não me pertencia para fazer uma lista das minhas próprias viagens, das buscas que nelas são empreendidas. Esse trabalho de ficção impediu, por muito tempo, a revisão de um

---

* No original, *"es que tú no sabes para qué sirven los sentimientos de otra persona"* [NT]. Trata-se da música "Sin sentimiento" (1990), pertencente ao Grupo Niche, um grupo de salsa colombiana, fundado em 1979 e que continua sendo muito ouvido atualmente nos países da América Latina [NA].

Cuaderno Hexágono* que não tinha **nada** para publicar – este que, com efeito, vocês têm agora em mãos. É que entender esse outro "adolescente" de que eu queria falar como leitor exige uma reflexão que não se baseia apenas na efemeridade dos tempos atuais. Devia mergulhar para além da classificação social que fazem das últimas gerações – a *millenial*, a geração z e a geração táctil,** e afastar-me, inclusive, do

---

* Projeto editorial em forma de publicação editado pela Pantalia Publicaciones, oriundo da atividade intelectual do grupo espanhol Círculo Hexágono, uma pequena associação de profissionais especializados no mundo da literatura infantojuvenil, arte e leitura para estudo e divulgação. O livro em espanhol foi publicado por esse projeto [NT].

** A geração do *millenial* é composta pelas pessoas nascidas entre os anos de 1982 e 2004. Eles fazem parte de uma época de mudanças e tiveram de se acostumar com destreza a elas. Não somente em termos de objetos de tecnologia, formatos ou formas de atuar na sociedade. É por essas razões que são mais propensos ao desapego, a partir da adaptação forçada. Também é uma geração muito mais narcisista e mimada. A geração z é formada por pessoas nascidas em meados dos anos 1990 até 2010. Esse grupo encontra na tecnologia e nas redes um espaço para se representar. São propensos ao individualismo e à pouca capacidade de manejar uma dinâmica familiar ou social plural. São mais afeitos às comunidades em rede do que a uma interação pessoal tradicional. As crises econômicas em diferentes países fazem com que eles minimizem a

discurso sustentado pelos *influencers* em suas redes sociais, tanto *youtubers* quanto *booktubers*. Procurei, nessa saudade, minhas próprias formas de me aproximar dos livros quando era jovem. Lembrei-me do inestimável trabalho da biblioteca como espaço público em minha formação como leitor, o mesmo que foi me levando ao ofício de promotor de leitura entre os jovens. Precisei reunir os motivos que eles, em diferentes anos, compartilharam comigo acerca de suas formas de ler o mundo. A experiência do táxi não foi especialmente reveladora, mas me levou a redirecionar a forma como buscava contar minhas ideias.

Nasci e cresci na casa de dois emigrantes portugueses. Meus pais cruzaram mares como os personagens de Júlio Verne. Era meados do século xx, e demorava semanas para os navios chegarem aos portos. Suas histórias, tão longínquas, parecem retiradas de um espaço de ficção ao qual as gerações atuais não pertencem e observam com espanto: ainda há pessoas vivas que passavam tanto tempo num barco

---

importância dos estudos profissionais, ao contrário de sua antecessora. Por fim, chega a geração T (T de táctil), nascida a partir de 2010. A ela pertence um grupo de crianças em formação que assume a Internet como parte integrante de suas vidas; a relação do corpo com os objetos digitais ocorre de forma orgânica e eles reconhecem a conectividade com a Internet como um pressuposto [NA].

e se comunicavam por cartas que chegavam meses depois? Sim, eles, que, por sua vez, foram jovens e personagens em trânsito, que reuniram suas histórias nas malas e iniciaram uma viagem pessoal.

Meu pai, com 16 anos, abandonou a família e os estudos na ilha da Madeira, imaginando uma crônica do Novo Mundo na Venezuela. Não é por acaso que atualmente ele lê somente almanaques mundiais e livros de recordes do Guinness. Minha mãe, em um arroubo adolescente, jogou seus livros pela janela da escola ao ficar sabendo que emigraria para a América, liberada do peso que imaginava que as leituras escolares tinham – embora hoje ela continue atenta às estruturas folhetinescas das novelas. Ambos – que, apesar de nascerem na mesma ilha, se conheceram em outro continente, falando outra língua e percorrendo outros mapas – construíram uma família a partir da nostalgia do mundo que não existiu, sem livros e sem uma educação básica. Suas vidas como sobreviventes, suas histórias contadas desde o fogo da memória, suas palavras inventadas em um improvisado portunhol, alimentados pelos dados que reuniam a informação do mundo, ou a consciência de estabelecerem um pacto de ficção com a televisão foram os **exercícios cotidianos** com os quais conheci o literário.

A literatura se torna, nesse caso, o narrado, ouvido e vivido. É habitar e pertencer nos feitos cotidianos, mas também na ficção. Existe, por ventura, um ponto de convergência nas formas de leitura dos adolescentes, independentemente da geração à qual pertençam? Assim como tantos outros, o escritor espanhol Juan Farias, ourives da palavra e defensor da literatura, advertia sobre a ideia do vivido no final do século XX, em seu livro *Los caminos de la Luna*:

> Olha, Maroliña, filha, não sei como terminará seu século XXI, mas no caso de um dia você poder voltar no tempo e se debruçar para ver como dança o dinossauro em seu jardim, ou, uma vez superada a velocidade da luz, viaje ao planeta Mongo,* no trem das sete e quinze, para passar um fim de semana, pense que você nasceu de um beijo, que sua melhor lembrança, sua lembrança inesquecível, será, no fim, um beijo.
>
> Acredite em mim: se não há amor, não há ser humano.[1]

---

* Referência às aventuras de Flash Gordon, herói dos quadrinhos que viaja pelo espaço, muito popular nos anos 1930 e 1940. O planeta Mongo ao qual se faz alusão é habitado por várias culturas diferentes, algumas tecnologicamente avançadas, que caíram uma a uma sob o domínio do cruel tirano Ming, o Impiedoso, e contra o qual Gordon luta [NT].

Diante dessa formação peculiar, alheia às atuais distrações do presente, é óbvio relacionar o ato de escrever ao de fazer as malas. Estratégia e intuição enfrentam uma caixa vazia, escancarada, esperando para ser preenchida. Se for uma viagem curta, opto pelo mais útil, faço listas de objetos a levar. A menos que a surpresa da viagem nos pegue desprevenidos: desprovidos de significados.

Agora, se a viagem for longa, fazer as malas é um ato íntimo, silencioso, semelhante ao exercício da memória. **Nada** tem sentido sem um roteiro de viagem, um passaporte, uma reserva ou um mapa. Esse **nada**, em negrito, que tem a forma do medo ou daquilo que está prestes a acontecer – a chuva que não chega, o mar que não vemos, a ilha que abandonamos diante de uma crise social ou política – é o **nada** que significa. O mesmo nada pelo qual Bastian viaja por mundos inexplorados até dar um nome à Imperatriz Criança em *A história sem fim* (1979);[2] pelo qual Patrick prefere viver sua infância com o apelido de **Nada** antes de ouvir como as outras pessoas pronunciam erroneamente seu nome em *As vantagens de ser invisível* (1999);[3] ou pelo qual Pierre Anthon, um dos personagens do romance *Nada* (2011), de Janne Teller, sobe em uma árvore decepcionada com o mundo: "Nada importa. Nada tem importância. Para que fazer nada se nada tem interesse.[4]

O **nada** está sempre antes, no passado, por mais imediato que ele seja. A origem da palavra vem do latim *nata*, forma feminina do particípio do verbo *nasci*, do qual se originam palavras como "nascer", "nação" e "natureza". Os filósofos gregos a viram como um conceito lógico que permite entender o ser a partir da negação. Os existencialistas, como Heidegger, falam do nada como um catalisador da angústia do homem diante de sua existência; mas Sartre o denuncia como um enunciado que só existe a partir da nomeação do homem. O **nada** existe porque o homem o enuncia. O **nada** não é vácuo; ele importa, tem sentido, sobretudo se se tratar do início de uma viagem.

Então, fazer as malas, assim como a escrita, é um ato de classificação: "No momento em que esboçam uma ficção, os escritores compõem um espaço, concebem uma geografia imaginária com base em algumas lembranças ou fragmentos de percepção".[5] Das opções de significado a nada. Nele se guardam uma muda de roupa, um perfume, um livro. E você adiciona fragmentos de vida: aqueles que deseja como uma raiz. Porque antes da viagem fica a vertigem, junto a esse vazio inexplicável do trânsito que se transforma em melancolia, em *saudade*.

E das viagens, assim como na escrita, você corre o risco de voltar sendo outro.

Se escrever é fazer as malas, ler é desfazê-las?

Penso agora que a leitura é como a chuva: um exercício cotidiano. Faz parte do trânsito. Basta iniciar a viagem para enfrentarmos a palavra escrita, a imagem, a mensagem cifrada a ser descoberta. Detemo-nos nas primeiras páginas de um livro tal como diante de uma obra de arte, um grafite, uma campanha publicitária, um jogo, um filme, uma série de televisão, um vídeo de YouTube, uma conversa de WhatsApp, um *meme*: um conjunto de significados diferentes se desdobra perante nós.

Por um instante, deixemos o valor teórico da leitura e retornemos a ela da forma mais primeva. É claro que todos necessitamos daqueles objetos que estão na mala para dar sentido à palavra: referências culturais ou sociais, outras leituras, experiência de vida, fato estético.

> Ler seria, pois, a capacidade humana de ordenar significativamente os signos sensoriais – que nos chegarão através dos sentidos – implicando nisso a nossa emotividade.[6]

Na idade adulta, o ato de ler é tão comum que facilita a decodificação da mensagem por força do hábito. Mas os adolescentes são um trânsito em si. Provêm daquele "novo capítulo" que a puberdade implica. Por isso, buscam incessantemente entre os objetos empacotados na mala, muitos talvez inúteis, que trazem não só da experiência da infância, mas também da emoção de estar ali.

O adjetivo "trânsito" dentro da literatura para jovens tem vários usos. Ana María Margallo define o adolescente como um "leitor em trânsito". Surge a ideia de que o encontro dos jovens com os *best-sellers* serve de ponte alternativa para a literatura voltada para adultos. Por outro lado, María Cecilia Silva Díaz usa o termo "transição". Com isso, alude aos ritos iniciáticos que, desenvolvidos de forma argumentativa nos livros para jovens, supõem a constituição do mundo adulto.[7] Ignacio Gómez Soto atribui o termo "trânsito" à escola como um espaço que fracassou, após o sucesso que haviam presumido sobre a ideia de alfabetização na idade moderna. Nela, a infância se integra à sociedade "como futura força trabalhadora e consumidora".[8] Ideia promovida por Marc Prensky a partir da educação, ao afirmar que as novas gerações passam a ser "nativas digitais". Em sua proposta, ele infere que o jovem tem o poder de se focar em seus interesses, raiz dos diversos estímulos que dizem respeito ao consumismo: Internet, música, filmes, anúncios de TV etc. Também introduz a metáfora do "foguete" para falar da necessidade que as crianças e adolescentes do século XX têm de se diferenciar e se tornar autênticos em meio a uma população cada vez maior e à vista de todos.⁹

Na ação do adjetivo "trânsito", o sujeito ou objeto ao qual ele se refere não reside, mas está de passagem. Ou seja, o viajante não pertence. Da mesma forma, os leitores adolescentes encontram nessas estruturas um território a conquistar. Eles, desorientados, transitam através da ficção; coletam pistas, instruções, feitiços ou palavras para se localizarem dentro delas. E diante do desamparo desse **nada** em que a infância parece se transformar, atribuem metáforas ao pertencimento.

> *Página* e *país* têm a mesma etimologia. Um mapa (como aquele presente quando os jovens desmobilizados ouvem as lendas), um tratado de astronomia, páginas *web* de filatelia, um diário de viagem em um blog às vezes dão a ideia de que o mundo é vasto e que poderíamos encontrar um lugar. Todavia, as obras literárias esbanjam paisagens sem conta, incitando cada um a compor a sua própria geografia [...]. Vários escritores procuraram até mesmo recriar, por seus próprios meios, "um espaço para si, no qual se mover, respirar, se instalar, morar, viver".¹⁰

Ler na adolescência é descobrir a chuva, encontrar-se com o mar ou inventar um dialeto do afeto. É o passo prévio à vida cotidiana, é o exercício surpresa de descobrir algo novo. Faz parte do estranhamento da viagem, de não saber o que esperar, de enfrentar o estabelecido pela sociedade, de supor e aceitar que essa segurança da criança não voltará. Eles sentem falta de si mesmos. Lygia Bojunga, em seu romance *Seis vezes Lucas* (1996), oferece uma metáfora similar a esse estranhamento a partir do recurso da "coisa" que seu protagonista sente diante dos seis acontecimentos significativos que marcam o fim de sua infância. É uma sensação irracional e até física, que nasce do vazio e do silêncio, daquilo "que não se pode dizer" porque não se tem como entender; são esses novos sentimentos ligados ao mundo adulto: a separação da mãe, o medo da solidão e não se identificar com seu pai. A identidade de Lucas se forja a partir de um "eu" individual, livre da imagem adulta e que se permite sentir a incompreensão acerca da vida que vem pela frente.

As ficções – palavra com a qual englobo as histórias que chegam aos jovens sem categorizar seu formato ou gênero – se transformam em objetos da viagem. O leitor adolescente conhece suas dobras, indaga seus mapas, mas também é capaz de compartilhá-los com outras pessoas. Ele debate seus conceitos e ideias com os demais, seja virtualmente ou como uma dinâmica social. **Essas formas de ler são**

uma conquista cara com relação ao mundo adulto; são espaços independentes sem vigilância. A ficção pertence a eles. Ler é se apropriar da ficção, como todo exercício cotidiano.

Essas ficções, em qualquer uma de suas propostas e independentemente de sua qualidade discursiva, fazem com que os leitores jovens continuem coletando fragmentos de muitas identidades e consolidem sua individualidade.

O ato de ler vai para o próximo nível. A mala é esquecida. A ficção é, no fim das contas, um ponto de (des)encontro. "Lê-se para ensaiar novas e variadas possibilidades de ser, para soltar as amarras, para se libertar do jugo que oprime: a confusão".[II] E se o ato de ler é um estado de confusão e ordenamento, por que supomos coisas do século xx em pleno século xxi? Presumimos que os jovens leem mais?

Basta visitar as teorias de Gilles Lipovetsky, filósofo e sociólogo francês que, junto a outros visionários, como Zygmunt Bauman, refletiram sobre a sociedade durante a pós-modernidade e o *status* da juventude como forma social. Eles advertiam um processo social individualista que afetaria de tal maneira a humanidade que Bauman, por exemplo, acreditava que, diante da efemeridade do mundo de hoje, no futuro, a juventude chegaria a desaparecer como etapa de desenvolvimento humano e passaríamos da infância à idade adulta. Lipovetsky, por sua vez, afirmava que, desde o final do século xx, existia uma ânsia do sistema em conferir ao **nada** um fator relevante, uma tábula rasa, que dava lugar a um deserto sem fim.

> Inútil querer reduzir a questão às dimensões dos "jovens": um problema de civilização não se resolve com uma geração. Quem é poupado ainda por tal maré alta? Aqui, como noutros lugares, o deserto cresce: o saber, o poder, o trabalho, o exército, a família, a Igreja, os partidos etc. já globalmente deixaram de funcionar como princípios absolutos e intocáveis; em graus diferentes, já ninguém lhes dá crédito, já ninguém neles investe seja o que for.[12]

Neste breve mapa teórico que aqui se inicia, procuro refletir sobre o "reencontro" do leitor adolescente com a palavra escrita nos últimos anos. Indago a relação que as jovens gerações do século xxi tiveram com a palavra, mantendo sua resistência em um mundo que faz ode à cultura da imagem e àqueles que supomos serem pouco emocionais.* Uso a

---

* Advirto que usarei *spoilers* de livros e séries como formas de exemplo em algumas das ideias. Eles estarão anunciados da seguinte forma, no início do parágrafo: ALERTA DE SPOILER >> [NA].

metáfora da viagem para nomear os mecanismos com os quais os adolescentes se aproximam da ficção e nela se encontram.

A nostalgia do vazio é o trânsito através desses desertos que propõem críticos e especialistas. É a forma como os adolescentes, por meio leitura, enfrentam não somente o nada, mas a composição do mundo adulto. Porém, partindo também da conclusão certeira que Gemma Lluch propõe no capítulo *"Los jóvenes y adolescentes comparten la lectura"* [Jovens e adolescentes compartilham a leitura], que faz parte do livro *¿Cómo lemos en la sociedad digital?: Leitores, booktubers y prosumidores*, publicado em 2017:

> [...] agora, esses "novos" leitores provêm de uma cultura diferente, possuem competências e habilidades mais ligadas à comunicação virtual e à cultura audiovisual do que à letrada e, o mais importante, quando leem um livro, suas expectativas estão relacionadas com o lazer ou a diversão. Esses leitores, transformados em autores, prescritores e designers de novas formas de promoção da leitura, conseguiram criar (fora das instituições e dos adultos) um novo circuito de leitura. Nem melhor, nem pior. Diferente.[13]

Qual é o papel que o promotor tem na atualidade? Se os jovens leem, faz sentido apostar na literatura ou é suficiente viver da anedota? Como fazer para que os adultos não se sintam "os outros" na ilha de *Lost*?* Para isso, é importante tanto um vínculo baseado na teoria quanto entender a relação afetiva que os jovens estabelecem com as ficções para o seu desenvolvimento individual e seu encontro com o outro. Deixar de supor e começar a compreender que eles estão se enquadrando nas regras do adulto e sentindo falta da criança que o corpo lhes diz que não lhes pertence mais.

Este livro não pretende se aprofundar nos conceitos de leitura ou escrita, mas entendê-los como exercícios cotidianos que ativam o pertencimento no adolescente leitor. Eles, sujeitos em trânsito, vítimas de um sentimento alheio, tão semelhante ao da saudade daquele que migra. Os jovens aspiram sentir falta de algo que nunca mais voltará a ser. É um trânsito entre o "apego" e a "perda". Conceitos que, no fim das contas, um viajante, um adolescente e um leitor reúnem da mesma maneira. Sobretudo na literatura, generosa e democrática, como María Teresa

---

* Referência à série *Lost*, difundida pelo canal americano ABC entre 2004 e 2010. A Ilha é o local principal para os acontecimentos de *Lost*, sendo frequentemente tratada como se fosse um personagem, com seus próprios desejos e intenções [NT].

Andruetto afirma, transformando-o em um espaço em que dialogam.

> Ler é aprender a entrar na vida e na língua, e assim a literatura nos oferece seu mistério, porque, ao nos permitir entrar num outro diverso, ao incluir-nos em seu mundo e o incluindo no nosso, nos abre novas experiências de contato com o sofrimento, o assombro, a dor, o regozijo ou a maldade; e nos oferece ao mesmo tempo a cura desses sentimentos [...]. A literatura é generosa conosco, profundamente democrática, porque nos permite ingressar em seu universo a partir de nossa particularidade, nos permite encontrar um caminho próprio entre suas letras.[14]

Ritos de transição

Há esses momentos em que tenho de me deitar, porque tudo parece, mais ou menos, excessivo. E olho para cima e vejo o azul, ou o cinza, ou o preto, e me sinto derretendo nisso. E, tipo, por uma fração de segundo, sinto-me livre e feliz. Inocente. Como um cachorro. Ou um alienígena. Ou um bebê.

ALYSSA, THE END OF THE F***ING WORLD*

Ao ler uma revista, minha mãe supôs que as previsões da astróloga que estava sendo entrevistada poderiam alterar o rumo de sua viagem. Era abril, ela havia acabado de fazer 14 anos e tinha se despedido do irmão e do menino de quem gostava, no porto de La Guaira,

---

* Conversa do personagem principal da série da Netflix baseada na *graphic novel* de mesmo nome. No original: "*I get these moments when I have to lie down because everything feels, sort of, too much. And I look up and see the blue or the grey or the black and I feel myself melting into it. And for, like, a split second, I feel free and happy. Innocent. Like a dog. Or an alien. Or a baby*" [NA].

na Venezuela, antes de voltar para Portugal. A entrevista, construída a partir do pressuposto de uma história de mistério com matizes sensacionalistas, a alertava para algo terrível: um terremoto se aproximaria da Venezuela. Essa pressuposição, sem evidências, colocava a menina diante da possibilidade de um perigo quase literário. Ela evidentemente se preocupava com os seus, mas era sua história pessoal que se veria afetada diante do discurso da senhora que lia os astros. As palavras proféticas não só operaram na ficção de seu cérebro, mas também se incorporaram à emocionalidade. A despedida foi ressignificada como um fato mais do que transcendente. Construiu, sobre o nada, um espaço literário para pertencer, à medida em que iniciava seu trânsito. Não apenas a viagem física, mas aquela que implicava se afastar das angústias da infância.

Esse ato simbólico de minha mãe pode ser comparado a um acontecimento em maior escala de 1938, quando Orson Welles decidiu realizar a adaptação radiofônica de *A guerra dos mundos*, atingindo uma histeria coletiva, na qual o público acreditou, ao ouvir o que fora narrado, que estava vivendo um ataque alienígena. Hadley Castril, no epílogo do livro que publica o roteiro original do programa de rádio, analisa o fenômeno social sob o título "Estudo sobre a psicologia do pânico". Nele, o autor considera que:

No caso de certos ouvintes daquela transmissão, a confusão geral naqueles a quem concerne as condições econômicas, políticas e sociais parece ter sido a principal causa das interpretações fantásticas.[15]

A ficção ainda mantém esse poder na sociedade? Atualmente, a credulidade não está relacionada unicamente ao desenvolvimento intelectual da pessoa ou ao estado de alerta que uma situação de crise nos supõe. Antes, a suspeita fazia parte da vida adulta, era um sintoma da perda da visão infantil do mundo. Hoje, porém, o vínculo com as histórias parece muito mais cerebral, questionador, inquisitivo. Estamos na cultura da suspeita. Até mesmo as discussões diárias não são enriquecidas, já que o Google é capaz de esclarecer qualquer dúvida que nos crie obstáculo ao caminho da "verdade". Cada vez mais, bebe-se do politicamente correto, da imagem muitas vezes forçada do inclusivo e tolerante. A sociedade, paradoxalmente, tornou-se cada vez mais questionadora da ficção no que diz respeito à mensagem, esquecendo-se da forma. A literatura deixa de ser uma arte para os leitores com menos formação, na medida em que seu conteúdo não promove uma crítica, um sinal de alerta, uma forma de inclusão. Muito menos quando se trata de literatura voltada para crianças e jovens. O mercado, por sua vez, aproveita-se desse vantajoso *trending topic* e apresenta um número maior de novidades a cada ano. Tais livros respondem a uma necessidade da sociedade e perdem validade logo em seguida. O sucesso de suas vendas depende se ele passará às sombras em menos de um ano.

Um caso peculiar ocorre com o feminismo. Em 2017, nasce o movimento *#MeToo*, após as diversas denúncias de assédio contra o produtor cinematográfico estadunidense Harvey Weinstein, conseguindo que, de forma viral, mais casos de agressões sexuais fossem evidenciados. A partir daí, todo o aparato das redes sociais e dos meios de comunicação se uniram pela mesma causa. As séries televisivas e filmes, utilizando o espaço da ficção, buscaram uma forma de reforçar essa mensagem do poder das mulheres (como já haviam feito recentemente com a cultura marginal: os *nerds*, diante da ascensão de Mark Zuckerberg, criador do Facebook; os negros, diante do triunfo de Barack Obama; e o mundo homossexual). As editoras, que já vinham explorando o feminismo como um tema a ser aproveitado, infestaram as grandes redes de livrarias com vários livros que falam da mulher, sua reivindicação na história e o papel que ela ocupa na atualidade. Tem sido uma mudança relevante: colocam-nas em evidência e em pé de igualdade com relação a outros temas, mas até que ponto isso não é apenas um modismo que pode passar daqui a pouco?

Em que momento aquilo que é realmente importante passou a ser algo superficial ou uma moda para a sociedade em todos os seus campos? O que fica da identidade das lutas e seu valor? Onde fica o feminismo hoje como movimento? Quanto se sabe de seu trabalho? Por isso, duvidar não é apenas, no século XXI, um sintoma de maturidade para o jovem leitor, mas também parte de uma mudança geracional.

O autor argentino Juan Forn sugere, inclusive, que "a ficção foi perdendo efeito sobre o leitor" diante "do fluxo global da informação que existe hoje".[16] Entretanto não acontece apenas no formato de livro, basta verificar os meios de comunicação – que estão mais focados em abalar a emoção das massas – e ver as mudanças ocorridas nos últimos anos. A sociedade latino-americana, assídua em habitar o discurso da telenovela como ponto de encontro, distanciou-se de forma menos especulativa e afetiva. O mercado das séries, agora em plena expansão, oferece um catálogo imparável que propõe um encontro com o consumismo indigesto de horas em *streaming*, mais do que proporciona uma profunda análise cultural. Os noticiários têm o impacto de um espetáculo e contam o mundo de forma anedótica. Os espaços esportivos e os *reality shows* ou programas de formato semelhante, estes que falam em primeira pessoa e incluem um membro da sociedade, continuam sendo de maior interesse na atualidade. E isso sem se aprofundar no efeito das redes sociais como criadoras de histórias nem no imediatismo das comunicações ou da Internet, um reservatório de tantas ficções a serem descobertas. Estamos diante da cultura do *"like"*, do efeito imediato, da dúvida resolvida.

Com essa comparação geracional, não pretendo dizer que a relação do jovem leitor deste século com a ficção esteja fraturada. Ao contrário, não podemos supor que os adolescentes, a partir dos 12 anos, sejam capazes de ler de tudo. Isso seria um erro. Não porque eles não sejam capazes ou não queiram fazê-lo, pois entendemos que há um fator importante de rebeldia ou aparente liberdade nas seleções que eles farão a cada vez que se aproximarem mais da idade adulta. Trata-se de infringir a lei do mundo adulto. Mas, nessa tentativa e erro a que eles se submetem, vão descobrindo livros aos quais ainda é difícil ter acesso, seja pelo desafio que sua estrutura narrativa supõe, pela forma do narrador ou pela complexidade do tema. Nessa idade, inclusive, eles podem ficar entediados com livros que falam de sua realidade. O que torna mais difícil seu acesso à literatura, pois todo livro escrito para adolescentes pressupõe que ele deve ser um reflexo da vida juvenil. Porém, nem todo bom livro "juvenil" tem, necessariamente, a ver com esse ato de espelhamento.

O trabalho de mediação, também se faz complexo neste ponto: os pais, bibliotecários ou promotores serão questionados sem consideração. Não somente pela forma atual com que os adolescentes fazem recomendações entre si como se fossem comunidades, mas porque o gosto pelo livro varia de acordo com o desenvolvimento intelectual do jovem através das idades. Ou seja, aquilo de que eles gostam aos 12 anos provavelmente mude aos 15 e, até mesmo, varie aos 18 de forma errática. De modo que o exercício de recomendar se torna não só um ato de observação, como de conversa.

Ao final da infância, a leitura é um exercício de migração. A partir dos 10, 11 e 12 anos, mudam, com facilidade, os códigos que a realidade cotidiana estabelece como lógicos. Eles se estabelecem na aventura de um espaço desconhecido e incorporam leis que só aplicam à ficção. O exercício* de ler desempenha um papel fundamental no "campo de construção" que abre, por sua vez, o "campo do imaginado".[17] É por isso que, nos clubes de leitura em que trabalho, os iniciantes mais jovens preferem ler livros relacionados com a fantasia ou com a épica, nos quais podem manter o controle absoluto das leis que ali se explicam.

---

* Exercício visto como fortalecimento de um músculo, e não como atribuição de uma tarefa [NA].

O mundo do livro lhes pertence, e eles sabem defendê-lo muito mais do que o dos adultos. Dentro dessa ficção não cabe a suspeita, a verdade está dentro da geografia da história.*

É mais fácil se adaptar à realidade do Colorado: o gato doméstico que decide ir à floresta para enfrentar uma luta de clãs e se transformar num guerreiro, na saga *Gatos guerreiros* (2003), de Erin Hunter.**[18] Ou acompanhar Meggie, a protagonista da trilogia de Cornelia Funke, composta pelos livros *Mundo de tinta* (2003-2007)***, em sua busca para proteger

---

* A amostra de livros utilizada para esta pesquisa, além de alguns títulos da literatura clássica, é arbitrária e não se restringe a um modelo canônico. Em vez disso, ela abrange livros de narrativas por vezes comerciais, planos de leitura, filmes ou séries de TV que fazem parte de uma ampla consciência como leitor e público do jovem na atualidade ou que foram relevantes em seu momento histórico para o leitor adolescente. Incluem-se também ficções ou narrativas que estejam dirigidas a essas idades de maneira óbvia e busquem representá-las no âmbito da palavra [NA].

** Erin Hunter é o pseudônimo de três escritores: Kate Cary, Cherith Baldry e Tui Sutherland. A saga foi traduzida para mais de trinta idiomas [NA].

*** Publicada no Brasil pela Cia das Letras, sob os títulos *Coração de tinta* (2006, tradução de Sonali Bertuol), *Sangue de tinta* (2009, tradução de Sonali Bertuol) e *Morte de tinta* (2010, tradução de Carola Saavedra) [NT].

seu pai Mo, que tem o poder de libertar qualquer personagem dos livros apenas lendo-os em voz alta. Ou seguir o *Daemon* de Lyra, uma porção da alma dessa menina com forma animal, que se transforma constantemente durante sua infância como metáfora do trânsito e que só adquire forma definitiva com a puberdade, na trilogia *Fronteiras do Universo* (1995-2000) de Philip Pullman.* Ou o modo como o leitor em formação se identifica e se vincula com os ritos iniciáticos que são dispostos em muitos dos *mangás*, como no caso de *Naruto* (1999-2014), um adolescente hiperativo que persegue o reconhecimento chegando a ser um *Hokage*, isto é, o *Shinobi* mais forte do povoado, o que equivale a ser um ninja, um mercenário, de Masashi Kishimoto.**

O leitor consegue se apropriar da ficção, conviver em uma aventura e estabelecer uma relação estreita com suas normas. Ele seleciona, se identifica e se expande dentro desse universo. Até a ficção se torna surpreendente. O apego age no leitor, assim

---

* Publicada no Brasil pela Cia das Letras, sob os títulos *A bússola de ouro* (2017, tradução de Eliana Sabino), *A faca sutil* (2017, tradução de Eliana Sabino) e *A luneta âmbar* (2017, tradução de Ana Deiró) [NT].

** Criado em 1999 e traduzido para mais de 35 países, Naruto é o 4º *mangá* mais vendido da história [NA].

como no viajante que percorre um novo país com seu mapa. "Ler para se situar, para saber como e onde se está parado".[19] É a ilusão e a necessidade de pertencimento. Como Peter Pan na Terra do Nunca, uma terra que é subjetiva para quem a habita e na qual crescer não é uma opção. A ficção não opera apenas como espaço de evasão, mas também de implicação. Os adolescentes transitam na leitura e se identificam com os ritos iniciáticos de seus personagens e histórias – só que dentro daquele espaço que o livro oferece, com um limite aparentemente conclusivo.

Luis Sánchez Corral, em seu livro *Violencia, discurso y público infantil*, revisava com efeito o sucesso televisivo de *Os Cavaleiros do Zodíaco*, um *mangá* com *Saint Seiya* que se transformou em *anime* no final dos anos 1980, voltando com uma nova temporada em 2002: *Saga de Hades*. Seu impacto no mercado anglo-saxão, latino-americano e espanhol foi absoluto e ia de mãos dadas com outros *animes* na TV aberta, como *Dragon Ball*, *Pokémon* ou *Sailor Moon*. Sánchez Corral alertava para a forma como o leitor modelo corria o risco de aderir passivamente aos discursos de violência que esses animes propunham. Ou seja, o mecanismo da identificação da ficção passava para outro nível, o da identificação dos enunciados violentos nos ritos iniciáticos de seus personagens. Ele esperava que, pelo contrário, esse leitor se apropriasse do "aparato formal da enunciação", isto é, da ficção, e que o jovem em sua idade precoce fosse o produtor dos sentidos, não o contrário.[20] Ele propunha, basicamente, a construção de um juízo crítico por parte desses pré-adolescentes que encontram nessas séries animadas um lugar de referência. O desafio é mais intenso hoje, época do *streaming*, em que todo o acesso à série e demais discursos violentos não é vetado pela censura das bibliotecas ou lares (se é que alguma vez foi).

ALERTA DE *SPOILER* » Em "Arkangel" (2017), segundo episódio da quarta temporada da série *Black Mirror* da Netflix, Marie conecta sua filha Sara a um sistema que a protege das coisas que ela considera desnecessárias na realidade: a expressão agressiva de um cachorro que late quando ela vai para o colégio, o sangue e a agonia. E, aos poucos, é mostrado como essa ausência de violência no cotidiano faz Sara perder o critério na hora de agir diante das circunstâncias da vida. Uma das cenas mais reveladoras ocorre quando um companheiro de escola lhe mostra, em seu *tablet*, vídeos agressivos e pornografia. Essa distopia serve de simulacro da realidade: se na infância elas correm o risco de enfrentar o mundo, na adolescência estão imersas nele. Além disso:

As crianças se interessam extremamente pelo comportamento adulto. Elas querem saber sobre nós.

Seu interesse na mecânica precisa do peculiar comportamento adulto é limitado. Com muita frequência, ele lhes parece repulsivo ou chato. Um bêbado na calçada é algo que você não precisa ver e faz parte de um mundo do qual não deseja fazer parte, então, você desvia o olhar.

As crianças são muito boas em desviar o olhar.[21]

Mais do que proibir, essa primeira idade de trânsito é propícia a ouvir. Perry Nodelman, em seu artigo "Somos todos censores", esboça isso de forma simples: "Se você tem consciência de algo, pode até pensar sobre isso sem nunca ter que realmente experimentá-lo. E pensar sobre o mal, com certeza, é a nossa melhor defesa contra ele".[22]

E, na adolescência, não há certezas, mas a dura realidade. O corpo, como âncora, abandona os jovens. Eles são um navio à deriva, obrigados a viajar, atacados por referentes externos. Assim como simbolizam na série animada *Big Mouth* (2017) da Netflix, em que o Monstro dos hormônios e a Fada da puberdade aparecem diante deles; seres horripilantes que os levam a descobrir o que há de pior em si mesmos, que é aquilo que crescer implica: ocorrem as mudanças na voz, o corpo se avoluma, a acne, os pelos, os odores, a menstruação, o desejo sexual e as mudanças de humor. Eles deixam de transitar pelo mundo da evasão, embora os pais pensem o contrário.

Durante algumas conferências nas Astúrias, Fiona Ferguson, coordenadora de conteúdos na Imaginate – o Festival para as Artes Cênicas Juvenis na Escócia –, contou que, segundo as estatísticas, os temas para preferencialmente trabalhar no projeto *Push*,* o qual inclui outros países da União Europeia, eram três: a migração, a identidade sexual, que gerou uma rejeição por parte da imprensa de direita em seu país, e a proteção aos jovens.

Para muitos, foi uma surpresa que, no século XXI, a superproteção ainda seja debatida quando já nem o controle parental sobre os computadores é barreira suficiente para acessar diretamente a realidade. Isso não somente diante do imediatismo da notícia, que é capaz de viralizar imagens de guerra ou crimes de forma vertiginosa e descontrolada, mas também do *cyberbullying*, no qual o uso da tecnologia (que inclui imagens ou vídeos) é capaz de superdimensionar o

---

* *Push* é um projeto de desenvolvimento artístico para jovens que explora, por meio do teatro e da dança, três temas fundamentais: gênero e identidade sexual, (super)proteção e migração. Ele é desenvolvido pela Imaginate na Escócia, em parceria com a Bélgica, a Irlanda, a Noruega e a Dinamarca [NA].

assédio a um semelhante nos colégios. Irônico, pois, no caso de jovens que vivem em situação desfavorável ou de vulnerabilidade, tanto econômica quanto socialmente, essa suposta proteção parece ser anulada. Ou seja, a realidade os ataca frontalmente: não só estão aí a criminalidade, as drogas e a submissão em áreas marginais (que opera também, porém de modo diferente, em áreas privilegiadas), mas movimentos de guerrilha, doutrinação ou militarismo.

Os pré-adolescentes abandonam a infância, mas ainda sem a capacidade de suspeita que a idade adulta pressupõe. Rejeitam as normas impostas pelo mundo social e são vulneráveis a quaisquer ideias que os revolucionem. Os adolescentes perdem a noção do mundo. **E não apenas o corpo é responsável por essa primeira mudança na adolescência, como a palavra e seu poder.** No romance *Pan negro* (2003), Emili Teixidor reflete sobre o fim da infância e consegue sintetizar o valor da palavra como parte da mudança da criança. Ela simboliza com um deserto, no meio do nada, o espaço onde caem as pistas discursivas que iluminam a infância:

> Na verdade, os mais velhos falavam na frente das crianças com total liberdade, diziam o que tinham a dizer e calavam o que tinham que calar, mas na fronteira entre a liberdade total e o segredo absoluto

> ficava um terreno ermo, deserto, em que, de vez em quando, caíam sinais, queixas, gritos, frases, comentários... que atravessavam de um lado para o outro, da margem da liberdade à do segredo, antes de desaparecer, fundidos na escuridão ou dissolvidos na luminosidade de um dos dois polos, e graças a esses momentos, a essas palavras que nos remetiam ao nosso mundo de ignorância e dependência, podíamos intuir a enormidade, o peso e a fascinante complicação do mundo dos adultos, do qual estávamos excluídos, separados, preservados de algum modo.[23]

A infância torna-se difusa, o futuro é uma obrigação. O trânsito sobrevém em meio à crise, do nada, do Nunca Jamais, mas alimentando-se da palavra que eles podem comandar. Os personagens dos livros representam esse rito, são exemplos de uma evolução à qual desejam pertencer. Eles decidem habitar a ficção enquanto descobrem novamente quem são.

A perda

O autor espanhol Manuel Rivas, em seu livro *La mano del emigrante*, reflete sobre o conceito da *saudade* ou "*morriña*". Essas palavras, que se relacionam com a nostalgia do emigrante, são constituídas a partir de dois hemisférios da geografia emocional do mundo pelos quais o ser humano transita: o apego e a perda. Essa construção do significado coincide com o que Grossman afirma: "os livros são o único lugar onde podem coexistir coisas e perda".[24] Ou seja, quando a leitura deixa de pertencer ao autor e os leitores se apropriam das palavras, entra-se em um mundo privado onde impera o alegórico. Mas se, além disso, pensarmos na perda como parte do crescimento, damos à leitura uma conotação emocional.

A perda, como fenômeno sociológico, é uma das características mais relevantes das últimas gerações. Os avanços tecnológicos são cada vez mais vertiginosos, fazendo caducar qualquer elemento que pareça revelador. Basta analisar a mudança na imprensa e seu impacto na informação; o efeito das redes sociais e dos telefones celulares nas comunicações; ou a tentativa e erro de vários formatos para o entretenimento: televisão, fita cassete, betamax, VHS, DVD, CD, Spotify, YouTube, eBooks, aplicativos e *streaming*. Isso, com as crises econômicas e as mudanças de governo em distintos países, integrou diversas formas de pensamento político. Vislumbrava-se uma maior pluralidade de vozes, mas, por sua vez, um restabelecimento na escala de valores. Por exemplo, diante da necessidade de estar informado e em consequência do imediatismo, a pirataria nas redes foi se tornando cada vez mais frequente no acesso a produtos culturais e de entretenimento, como filmes, livros ou séries. Os pequenos atos puníveis contra a cultura foram sendo normalizados na cara do ser humano, na mesma medida que os governos atentavam contra ela com impostos e mudanças de currículo nas escolas.

A perda está naquilo que se deixa junto à infância. Mas também diante do vazio da última página de um livro ou da cena final de uma série ou filme. Só que essa imagem pode, sim, ser alterada e oferece possibilidades nas quais o leitor, muitas vezes, é capaz de encontrar novas vias de acesso. Se aos 12, 13 e 14 anos não podem controlar as mudanças fisiológicas ou sociais, conseguirão lidar com a ficção. Basta ver o desenvolvimento dos modelos de escrita como *fanfiction* ou *Wattpad*,* nos quais os jovens se deparam com histórias originais ou alterações de personagens de seus livros favoritos: e se Harry Potter estivesse disposto a namorar Hermione?; se Bella sempre tivesse amado Jacob?; se Justin Bieber se disfarçasse

---

* A maioria dos participantes registrados do *Wattpad* são adolescentes que compartilham suas histórias (quase todas propostas de ficção) com outras pessoas. É uma espécie de exercício de autoedição, que é valorizado e votado pelo restante dos usuários baseado em gosto, não na qualidade. Com um moderado sucesso, serve como um espaço criativo, tal qual é um nicho de leitura folhetinesco [NA].

de garçom para conhecer uma garota em um bar? É o mundo das possibilidades, construído por eles como um terreno sem lei. Da mesma forma que acontece na vida pessoal: e se uma pedra caísse em cima de meu pai durante o terremoto? As possibilidades imaginárias são inesgotáveis.*

---

* Em *Euphoria* (2019), primeira série da HBO criada pensando no mercado adolescente, cada episódio é construído a partir do olhar onisciente de sua narradora, Rue, a protagonista da história. A estrutura é a mesma: no início, Rue conta as origens e a infância de um dos personagens que a cercam, para que o espectador entenda com maior profundidade as razões pelas quais esses jovens devem enfrentar os temas daquele capítulo. **ALERTA DE SPOILER ››** No terceiro episódio, intitulado "*Made you look: A True Story About Fake Art*", a narradora conta a história de Kat, uma menina que começa a sofrer com excesso de peso na pré-adolescência e cresce sendo espectadora de séries como *True Blood*, *Scandal* ou *Gossip Girls*, pensando no papel do homem perfeito após uma ruptura amorosa de sua infância. Isso a leva a criar uma falsa identidade para si mesma por meio da escrita de *fanfiction* para maiores de 18 anos, para escrever sobre os homens que ela imagina e deseja. É uma forma de controlá-los, por meio da escrita e da reinvenção. Ela fica famosa no Tumblr sob o pseudônimo de Thunder-Kit-Kat quando escreve uma *fanfic* intitulada "*The First Night*", na qual Harry Styles e Louis Tomlinson, dois membros de sucesso da *boyband* One Direction, têm relações sexuais durante uma turnê. Isso a levou a ter 184.265 comentários depois de 3 dias e a ganhar 53.824 seguidores em suas redes na 3ª semana. No entanto, sentia

A perda também é uma imagem literária. É comum que, nas ficções dirigidas a jovens entre 12 e 14 anos, a passagem dos personagens da adolescência ou à idade adulta seja geralmente delimitada. Acontece, em muitas de suas histórias, de o mundo adulto ser-lhes revelado como parte de uma evolução. Vão acumulando experiências à medida que vão perdendo a infância.

Não é em vão que as distopias se transformam em um gênero atrativo para os jovens aos 14 e 15 anos. Nesses universos, a suspeita é imperativa. Não podemos confiar no Capitólio na trilogia *Jogos vorazes* (2008), de Suzanne Collins; duvidamos da Polícia do Pensamento e de seu Grande Irmão que nos vigia em *1984* (1947), de George Orwell; e até mesmo nossos pais são capazes de assinar nossa fragmentação em *Fragmentados* (2007), de Neal Shusterman; mas sempre nos ficam as máscaras do *V de Vingança* (2005), de Alan Moore, para se manifestarem como grandes

---

que esse sucesso terminaria quando descobrissem que aquela que estava por trás da história era uma pessoa obesa. Uma perspectiva que muda quando uma *sextape* de sua primeira relação viraliza e ela descobre que as pessoas são capazes de desejá-la. Essa complexa história de identidade e reconhecimento é reforçada com a atuação da atriz e modelo Barbie Ferreira, que interpreta Kat e, na vida real, é uma *influencer* que faz parte do movimento *body positivity*, que propõe a aceitação de outros tamanhos grandes no mundo da moda [NA].

justiceiros. É que o nada é o caos; a dúvida constitui uma parte vital do trânsito para sobreviver, reverter e se reorganizar.

ALERTA DE SPOILER >> Daí o êxito de séries como *Lost* (2004), *The Walking Dead* (2010), *Black Mirror* (2011), *3%* (2016),* *The Society* (2019), *Daybreak* (2019),

---

* *3%* é a primeira produção da Netflix no Brasil e uma das primeiras séries realizadas em um idioma diferente do inglês. Pedro Aguilar, seu criador, havia publicado um piloto dessa série distópica no YouTube em 2011 com a intenção de procurar uma produtora para apoiá-lo. Não contava, porém, que quatro anos depois, além do apoio da grande produtora de *streaming* de hoje, também teria um público que a manteria no ar por quatro temporadas. Sua trama fala de um Brasil futurista, caótico e dividido entre o progresso e a devastação, em que apenas 3% da sociedade jovem é escolhida para passar por diversos testes que podem levá-los ao exterior. Sair da miséria, entretanto, não é uma tarefa fácil, pois mesmo que ganhem, devem deixar qualquer vestígio de sua identidade cair no esquecimento, inclusive família, laços afetivos ou sociais. É uma série que questiona a evidente desigualdade econômica e social latente não só no Brasil, mas em muitos dos países latino-americanos. Seu sucesso ofereceu mais alternativas para a internacionalização do Brasil a partir de séries juvenis, como *Onisciente*, *Reality z* ou *Boca a boca*, aproveitando a ideia de uma sociedade controlada ou de uma doença contagiosa, lançadas com alvoroço durante a quarentena de 2020, ano da pandemia causada pelo coronavírus que afetou o mundo inteiro [NA].

Onisciente (2020), *Boca a boca* (2020), *Reality z* (2020). É possível, inclusive, encontrar séries mais arriscadas, como *Legion* (2017) ou *Mr. Robot* (2015), cujo episódio "*runtime-error-r00*" (3x04), transmitido em novembro de 2017, retrata, de forma impecável, a partir de uma única sequência, um potencial surto social nos Estados Unidos, depois de uma equivocada decisão política da ONU, somado ao exercício dos protagonistas de salvar alguns arquivos que evitariam uma desgraça ainda maior: um atentado. No restante da temporada, um desses protagonistas estará em contato constante com uma criança, com a qual buscará fazer as pazes, reconciliar-se com aquela infância que o abandonou. É a visão do mundo contemporâneo mais caótico a partir da ficção, como faz Neal Shusterman em sua trilogia literária *Everlost* (2006), na qual seus protagonistas, que tentam entender o mundo dos mortos (pois são almas que acabam de morrer em um acidente), conseguem encontrar espaços ausentes no mundo atual (por exemplo: as Torres Gêmeas, que são um enclave vital para a história), mas só podem vê-los porque vivem nessa perda.

No Brasil, as distopias dirigidas ao leitor jovem também começam a ter muito mais relevância no mercado com selo português. A editora Pulo do Gato publicou, em 2016, *Dick Silva – No mundo intermediário*,[25] uma novela de Luís Dill que começa com um protagonista desorientado no meio de uma sala de interrogatório policial. Como se esse pesadelo não bastasse, dois fatores ainda mais aterrorizantes se somam: tudo ao seu redor está em preto e branco – como se ele fizesse parte de um filme clássico – e um dos policiais anuncia que ele está morto. Nesse mesmo ano, a Editora Rocco publica a última parte da trilogia *Utopia*, de Gustavo Bernardo. Constituída pelos livros *O mágico de verdade* (2011), *Monte Verità* e *Nanook: Ele está chegando* (2016), conta as mudanças de humor de um adolescente de 15 anos, aparentemente problemático, que, por ordem de sua mãe, é atendido em um centro psiquiátrico. Em meio a sua crise de identidade, mistérios relacionados a uma evidente mudança climática no planeta vão sendo revelados.

Diante da ficção, o jovem estabelece apego e perda como uma dicotomia. Na escolha do caminho a seguir, será determinada a evolução de sua viagem (e na leitura).* Basta ver editoras e coleções especializadas

---

* Para esta seção, recomendo a leitura de dois livros de ficção fundamentais: 1. *Auliya* (1997), de Verónica Murguía, em que, viajando pelo deserto, uma jovem bruxa se propõe a conhecer o mar e, também, seus poderes. O estilo narrativo é tão sugestivo e poético que transporta o leitor para uma viagem na qual a dicotomia "apego e perda" é sentida a partir do uso da palavra na construção de sua história; 2. *A mulher da guarda* (2017), escrita por Sara Bertrand e ilustrada por

em literatura infantil e juvenil que delimitam o espaço de ruptura como uma metáfora literária. Muitos de seus autores, construtores adultos de ficções voltadas para pré-adolescentes, encaram esse momento como uma licença poética. A perda da infância em si não é algo delimitável para além do desenvolvimento fisiológico da criança. É por isso que o instante da viagem em que a revelação é feita é narrado metaforicamente, conferindo à palavra um importante poder.

> Uma das coisas que as metáforas nos dizem sobre a leitura é que, em determinadas questões, o ser humano não é o mestre. Nessas circunstâncias, a inteligência é mais atenção do que domínio. O símbolo ou metáfora abre um espaço que dá sentido (Ricœur, 1982). E o bom leitor começa rendendo-se a esse mundo e às suas leis.[26]

O campo de construção do leitor adolescente para se representar é constituído por frases, metáforas,

---

Alejandra Acosta, faz parte da coleção "Frontera Ilustrada" da editora Babel, também publicada no Brasil pela editora Solisluna, em 2019. Essa história revela a solidão de Jacinta, uma menina que tem de cuidar dos irmãos depois da morte da mãe e com a ausência do pai. É um retrato sobre a perda da infância de maneira simbólica e a importância da "palavra" nessa transição para a vida adulta [NA].

tomadas de filmes ou de videogames e, até mesmo, pelas letras de algumas músicas.[27] A perda da inocência, vista através da beleza da palavra literária, enriquece a viagem, contudo não revela mais do que uma ficção.

O leitor adolescente não somente busca nessas histórias uma representação a partir do herói, mas o concebe como um objeto peculiar, dialogante e discursivo. Em outras palavras, eles precisam transitar por essa literatura construída para eles, o que nos remete à questão do ovo e da galinha: existe literatura juvenil?

O apego

Em 1980, Mertz e England propunham um decálogo sobre a literatura juvenil em que diversas pistas podem ser entendidas a partir dos livros criados para os planos de leitura de muitas editoras. Não só com os temas que, em tom explicativo, buscam instruir os adolescentes (drogas, autoestima, *bullying*, sexo, xenofobia, família, violência, guerra, suicídio...). Era um longo e preocupante catálogo de opções para abordar tais assuntos na escola. Poucas vezes, a qualidade literária coincidia com um dos pontos desse decálogo: "o espelhamento de atitudes e temas sociais para um crescimento em direção à tomada de consciência por parte dos jovens leitores".

Embora não seja por isso que possamos deixar de reconhecer que os planos de leitura das grandes editoras também mantiveram vivo e conhecidos grandes autores como Alice Vieira, Roald Dahl, Christine Nöstlinger, María Gripe, Juan Farias, entre muitos outros, assim como a entrada de vozes latino-americanas, como as de María Teresa Andruetto, Lygia Bojunga, Liliana Bodoc, Verónica Murguía, Francisco Montaña, Yolanda Reyes, Mireya Tabuas etc. Seus catálogos ofereciam aos jovens leitores em idade escolar uma variada gama de possibilidades para que, por meio da literatura, ajudassem o adolescente em seu trânsito.

Alejandro Delgado Gómez fez um balanço interessante acerca do gênero juvenil no final do século XX em seu artigo "¿*Existe la literatura juvenil?*", publicado no nº 83 da revista CLIJ. Nele, ressalta a responsabilidade pela degradação cultural de nossa geração. Ele anuncia como problema o fato de que os agentes econômicos se transformaram em criadores de literatura juvenil, baseando-se em estereótipos segundo os critérios de venda e alcançando, aliás, uma escassa capacidade crítica por parte das gerações futuras. Isso se fundamenta na alegação de que, por muito tempo, os livros clássicos do século XIX, escritos para adultos, foram utilizados como fontes vitais para a literatura juvenil e em que os adultos, criadores desses livros, julgam e decidem. Então, onde o jovem se encaixa nessa equação?

Nos clubes de leitura, um dos exercícios que mais costumo realizar é pôr em questão diversos decálogos que foram escritos sobre literatura juvenil, nos quais eles incluem suas próprias preocupações. No *Librogénitos*, um dos primeiros grupos de leitura que monitorei há quase dez anos, acreditava-se nessa literatura como gênero. Lorena, que tinha 13 anos na época, defendia que a literatura juvenil era "subjetiva", conceito que funcionava para fugir da responsabilidade de responder à pergunta se esses livros existiam; ao que Jaime, de 17 anos, foi complementado com o "caráter subversivo do conceito juvenil para as Academias". Ou seja, o simples fato de colocar uma marca d'água nesses livros dirigidos a eles funciona para o debate e, portanto, sua subjetividade é importante para a sua evolução.

Recentemente, na Biblioteca Municipal de La Calzada, em Gijón, um clube de leitura revelou um fato curioso: leitores entre 12 e 13 anos pareciam concordar que a literatura juvenil era uma literatura menos complacente, mais cheia de pistas; e os de 16 e 17 anos, ao contrário, a catalogavam como espaços em que seus conflitos são comunicados, apesar do clichê como recurso. O ponto de encontro baseou-se em um único preceito: "a literatura juvenil é um refúgio". E é esse o preceito que, durante quase dez anos de trabalho com jovens, sempre se mantém constante: o refúgio.

Contudo, na Biblioteca Municipal de El Coto, também em Gijón, pela primeira vez, um menino e uma menina de 14 anos discordaram desse critério: "Não quero me refugiar da realidade, mas enfrentá-la". **Isso me leva a repensar se os livros dirigidos aos jovens nas primeiras décadas do século XX deixaram de ser um refúgio para ser um espaço de rebelião.** Estão tão imersos no eu individualista, próprio das redes sociais, que os livros agora os confrontam com o outro.

As ficções juvenis existem, do ponto de vista do mercado, não apenas nos planos de leitura, mas nos livros, cuja simplicidade narrativa (que não é necessariamente argumentativa) permite-lhes ir evoluindo na leitura. Essa intenção tornou-se, nos últimos anos, um produto de risco: "Uma vez estabelecido que todos os livros são um fato cultural, não temos como escapar da segunda constatação: todos eles são uma mercadoria".[28]

Diante do sucesso da saga *Harry Potter* (1997-2007), de J. K. Rowling, coloca-se novamente em discussão os livros lidos pelos jovens, cujo marco inicial foi delimitado por Pablo Barrena em 1967, com a publicação de *The outsiders: Vidas sem rumo*,[29] de S. E. Hinton. Em outras palavras, no final dos anos

1990, volta-se ao livro como um produto comercial de alto impacto. Consequentemente, passa-se a conhecer o *Young Adult** como gênero que busca simplificar os desafios discursivos para os leitores adultos, deixando aberta a possibilidade de que esses livros também sejam atrativos para os jovens.

Impulsionados por um acompanhamento das mídias sociais e a reivindicação da resenha emocional por parte dos *booktubers*, foi-se criando a necessidade de comunidades e redes com um fim em comum: comentar os mesmos livros, apesar das academias. No início da segunda década do século XXI, ficou habitual, nas feiras de livros, ouvir adolescentes procurando as últimas recomendações de seus *booktubers* de cabeceira. Eles se tornaram personagens relevantes, como Javier Ruescas, que iniciou o caminho da crítica a partir do blog *El templo de las mil puertas*,** para em seguida virar autor e *booktuber* oficial com seu canal no YouTube, que se mantém até hoje.[30] Assim como os canais *Fly like a butterfly*,[31] *Badaoops*,[32]

---

* Categoria de ficção escrita para leitores de 12 a 18 anos de idade, mas, embora o gênero seja voltado para adolescentes, aproximadamente metade de seus leitores são adultos [NA].

** Revista de literatura juvenil on-line, gratuita e bimestral. Disponível em: <tinyurl.com/yxy8ff54> (Acesso: 14 jul. 2021) [NT].

Pam Gonçalves,[33] *Crónicas de una merodeadora*,[34] *Ler antes de morrer*,[35] *Bel Rodrigues*,[36] *Kyoko Swords*,[37] *Cabine Literária*[38], *El coleccionista de mundos*,[39] entre muitos outros. Esse fenômeno foi se replicando e deu um passo importante para a independência da recomendação em relação aos jovens. Eles dialogavam e pertenciam a algumas comunidades em que debatiam sobre os mesmos livros e temas, alheios ao mundo da crítica e aos adultos. A seu favor também encontraram apoio de docentes, mediadores e bibliotecários que usaram a fórmula "pelo menos estão lendo" ou "tal livro pode servir de ponte para...". É certo que ninguém esperava o sucesso louvável que *Harry Potter* teve no mundo. Não foram necessárias as novas tecnologias para que o boca a boca alcançasse um *boom* literário em poucos anos.

Muitas editoras encontraram nesse momento uma oportunidade de negócio a partir da estratégia de mercado da falsa liberdade. Os jovens é que decidem o que leem, não os adultos. Hoje o negócio é evidente, porém conseguiram, além disso, fórmulas para sustentar uma narrativa atrativa para esta geração. Sendo elas não somente a forma episódica dos livros (que bebe na construção audiovisual), os finais de capítulos que despertam a curiosidade ou a simplicidade da linguagem, mas também o livro para adolescentes como produto separado do espaço do saber: nem pais, nem as escolas representam um padrão de comportamento em suas leituras.[40] As grandes casas editoriais reformularam o desenho na edição do livro para jovens fora do ambiente escolar, e isso mudou também o modelo de negócio diante das livrarias, apostando sobretudo nas grandes cadeias comerciais e plataformas digitais de amplo alcance. Dessa forma, os adolescentes se apropriam desses livros e de suas leituras e se apegam a essa circunstância para encontrar um espaço próprio e independente do cânone adulto.

O inusitado sucesso de *Harry Potter* ou de *Memórias de Idhún* (2004-2006), de Laura Gallego, a partir da recomendação do outro, deriva de um fator social e do espaço comunitário que persiste entre os adolescentes há muito tempo. Ou seja, não é em vão que algumas gerações validaram livros que pertencem ao "espaço do adulto", mas que os aproximam desse "algo" que está vinculado às formas de ver o mundo. Foi o que ocorreu com Andrés Caicedo e seu livro *Viva a música!* (1977) na Colômbia, com *Piedra de mar* (1968), de Francisco Massiani, na Venezuela, *Maus* (1986), de Art Spiegelman, *Historias del Kronen* (1994), de José Ángel Mañas, a obra poética de Chacal (Ricardo de Carvalho Duarte) ou os romances e contos de Clarice Lispector no Brasil, até mesmo as revistas *Playboy* – não só por seu evidente conteúdo sexual, mas também pelo literário. Da mesma forma acontece com os clássicos: *A metamorfose*, de Franz Kafka; *O apanhador no campo de centeio*, de J. D. Salinger; *Crime e castigo*, de Fiódor Dostoievski; *A ilha do tesouro*, de Robert Louis Stevenson; *As viagens de Gulliver*, de Jonathan Swift; *O jogo da amarelinha*, de Julio Cortázar; *Cinco minutos* e *A viuvinha*, de José de Alencar; *Memórias de Mamá Blanca*, de Teresa de la Parra; os contos de Edgar Allan Poe e de Horacio Quiroga, junto a um longo *et cetera*.*

A literatura juvenil existe enquanto forma, ela vai além das intenções comerciais; o livro cresce em desafio junto ao leitor. Sua narrativa, a complexidade de suas estruturas, as vozes, até mesmo sua tradução, estão se tornando cada vez mais desafiadoras. Recentemente, diante dos comentários de um *booktuber* pelo Instagram, convidei os meninos e meninas

---

* Juan Cervera, em seu artigo "*Lo infantil y lo juvenil en la literatura*", usa o conceito de "literatura ganhada" para explicar a apropriação que as crianças e jovens fazem dessa literatura criada por e para adultos. Cervera atribui, muitas vezes, ao acaso essa aproximação que os jovens têm com esses livros. No entanto, atribui tal aproximação ao gosto e à identificação que encontram nessas histórias como parte de suas leituras, diversas vezes pela simplicidade de sua narrativa, pela ingenuidade de suas histórias ou pelos resquícios de oralidade na estrutura desses livros, canções populares, contos ou romances [NA].

do clube de leitura de Pumarín Sur, em Gijón, para uma discussão: o livro para jovens deve conter o jargão próprio do país em que é lido? Esse *influencer* espanhol questionava uma editora por trazer para a Espanha um livro originalmente estadunidense em uma tradução que se relacionava mais com o mercado latino-americano do que com o espanhol.

As respostas foram variadas, contudo a conclusão foi a mesma: não, embora o uso de palavras diferentes dificulte a fluidez da leitura. Por que isso prova ser um problema no livro, e não nos canais dos *influencers* mais bem-sucedidos no YouTube? Ainda existe, sobre o livro, a imagem sacralizada da cultura. Na América Latina, nos anos 1980 e 1990, muitas das traduções para o espanhol eram do México ou da Espanha. Era natural poder entender a diversidade idiomática que o castelhano oferecia. Amigo era *"pibe"*, *"cara"*, *"parce"*, *"tío"*, *"pana"*, *"weón"* ou *"wey"*. Não era um desafio, mas uma forma de relacioná-los com o entorno. Os planos de leitura de hoje oferecem linhas de autores locais não apenas no intuito de atender um mercado próximo, como também para permitir uma voz unificada do sotaque ao qual pertence.

Exemplo disso é o romance *The Perks of Being a Wallflower*, de Stephen Chbosky, que foi traduzido para o mercado latino-americano como *Las ventajas de ser invisible*, no Brasil, como *As vantagens de ser invisível* e, na Espanha, como *Las ventajas de ser um marginado*. Pode parecer um detalhe, mas *"invisible"* [invisível] e *"marginado"* [rejeitado, marginalizado] contêm uma carga semântica diferente. Esse personagem adolescente pode ser invisível, tímido ou até isolado, que é a tradução real que se dá à palavra *"wallflower"* nesse contexto; nem por isso ele é necessariamente um marginalizado. Agora o romance, ademais, está repleto de palavras na voz do personagem que tornam o livro diferente em suas duas versões. Não creio que se deva buscar uma tradução neutra, mas penso no papel das traduções no mercado jovem e não consigo elucidar se o uso de uma linguagem tão óbvia aproximou ou afastou mais o leitor de novos desafios literários.

Já o que permanece constante nos livros para os jovens é o apego, a relação que eles estabelecem com suas vozes e argumentos, a qual sempre dependerá da necessidade do leitor, apesar, inclusive, da qualidade literária do livro. **A decodificação da leitura por parte dos adolescentes, desde a primeira instância, ocorre emocionalmente**. Alguns podem, talvez por sua formação, ser politicamente corretos: "é importante ficar bem ou dar a entender que sabem". Mas basta o mediador ou o outro cavar um pouco mais para ver que essa leitura, nesse instante, pode ser uma tábua de salvação. Portanto, se ele odiar o livro, o destruirá sem limites e, se gostar, irá defendê-lo como um irmão. Se nada acontecer, porém, o livro cairá no esquecimento mais absoluto: no nada, que eles abandonam e os esperam. Não há meios-termos.

Para leitores adolescentes a partir dos 14 anos, o ato de ler não é somente um exercício cotidiano, um refúgio ou uma rebelião. É um exercício de fé, é o apego. Eles fazem um pacto com a ficção, uma mensagem desprovida de máscaras. Por isso, o uso do narrador em primeira pessoa é recorrente nessa literatura. O "eu", relacionado também com o narcisismo característico das últimas gerações, tenta colocar o jovem numa experiência especular: "Eu, personagem, jovem; você, leitor, jovem". Esse narrador é herdado de Holden Caulfield, protagonista e voz principal do romance *O apanhador no campo de centeio* (1959), de J. D. Salinger, que foi polêmico por sua forma ousada de narrar as angústias e a sexualidade dos adolescentes.*

---

* Em 2011, publicaram o romance *Grow up*, de Ben Brooks. Ele tinha 17 anos e morava em uma casa cheia de pôsteres de Harry Potter. Seus livros foram um sucesso, traduzidos em mais de dez idiomas. Esse romance é considerado *O apanhador no campo de centeio* do século XXI por seu uso de um narrador provocador em primeira pessoa. No entanto, uma vez li que os jovens na Inglaterra pensam atualmente que o que Holden, o protagonista do romance de Salinger, precisava era tomar um Prozac e viver [NA].

Essa primeira pessoa, embora frequente, não é a única. Outras vozes narrativas constroem ficções para os jovens leitores a partir de outros ângulos, mas costumam ser menos recorrentes, mais desafiadoras e pouco atrativas para esse leitor em formação.

Na ficção, os personagens permanecem vivos nas histórias, com suas preocupações e desacertos semelhantes aos do leitor, mas continuam sendo os mesmos no papel ou na tela. Não traem, como a infância ou a vida adulta fazem. Essas vozes são um espaço seguro no meio do nada. Eles se aferram a eles. Esse pacto com a ficção lhes dá esperança.

J. M. Barrie, no início do século XIX, havia usado a fé como um recurso da ficção.* Em um dos enredos de *Peter Pan and Kensington Gardens* (1906),** ele diferencia os pássaros dos humanos ao assegurar que

---

* No livro *O Mágico de Oz*, de L. Frank Baum, publicado em 1900, tal como o faziam Peter Pan e Wendy em 1904, uma sensibilidade baseada na promessa da juventude daquela época é explorada a partir da metáfora da viagem a mundos fantásticos. Como o jovem poeta Arthur Rimbaud escreveu em uma carta datada de 1871, dirigida a um amigo de 17 anos: "Trata-se de chegar ao desconhecido através do desregramento de todos os sentidos" [NA].

** Em português, o livro em questão é *Peter Pan – A origem da Lenda*. Tradução de Suria Scapin. São Paulo: Universo dos Livros, 2015, arquivo digital [NT].

"o motivo para os pássaros poderem voar e nós não é o simples fato de que eles têm plena fé. E ter fé é ter asas".⁴¹ Isso deixa em evidência para o leitor que o personagem de Peter Pan não perdeu a fé em estar com sua mãe. Foi ela quem perdeu a esperança fechando a janela com grades ao ter um novo filho nos braços. Peter Pan transforma a decepção em resistência, e sua imagem facilita

> [...] a transição para as nuvens, para essa dimensão fundamental da vida tão negada, tão menosprezada: o que poderia ser, o que poderia ter sido, esse outro mundo, longínquo e familiar, que projeta sua sombra, ou sua luz, sobre nossos gestos cotidianos.⁴²

Quase cem anos depois, no século XXI, os mais jovens enfrentam um estado social de crise constante, não conseguem conceber um mundo estável. O desapego da realidade parece uma forma de permanecer na sociedade. Essas gerações procuram não se vincular emocionalmente com o outro, se protegem socialmente, se resguardam em suas próprias buscas. Se lermos as palavras com as quais é construída a imagem metafórica que citamos de Peter Pan, o cérebro nos remete à campanha publicitária de uma bebida energética: "Red Bull te dá asas". E embora seja independente do livro, além de terem sido desenvolvidas em épocas diferentes, ela gera a sensação de que agora a fé também pode ser comprada em uma loja e que a esperança é um artifício emocional, não uma ação concreta.*

Outro exemplo é mostrado no livro de contos *Estaciones de paso* (2005), no qual Almudena Grandes faz cuidadosos retratos das crises adolescente da década passada. No conto "*Demonstración de la existencia de Dios*", um jovem de 15 anos espera a vitória de seu time, o Atleti [Atlético de Madrid], em uma partida. Por isso, inicia uma longa conversa com Deus durante o desenrolar do jogo. Nela, o personagem vai revelando os aspectos mais dolorosos e injustos de sua vida. Esse vertiginoso acúmulo de pesares leva o leitor a um encontro lógico com a perda da fé. Isso, ao contrário do que se pensa, não é o mesmo que perder a esperança. O adolescente se apegará a outros bastiões que o ajudem a se manter de pé na luta em um lugar ao qual não pertence:

> [...] pois afinal, se acontecer de você existir, quero dizer o que tenho calado, que já sei quem você é e com

---

* Para saber mais sobre o conceito histórico e sociológico de adolescência, recomendo a leitura de *Teenage: The Creation of Youth 1875-1945*, de Jon Savage, publicado em 2007 pela Penguin Books [NA].

quem anda, porque sempre anda com os mesmos, com os ricos, com os militares, com os terroristas que põem bombas em bairros como Vallecas,* com o Barça e com o Madrid, embora os *madrilistas*** como o Rana*** não tenham culpa de nada. Ah! E outra coisa. Escute-me bem. Agora mais do que nunca. Atleti, Atleti, Atleeeti...![43]

O apego à ficção é essa constante que ainda permanece, apesar da vertigem das gerações nos leitores adolescentes. São tantas perdas que eles não deixam de acreditar naquilo que lhes devolve a esperança: o time de futebol, uma invasão marciana, o futuro emocionante contado por uma astróloga ou os personagens de seu livro de cabeceira. O mundo é medido a partir deles e de seus apegos.

No livro *Quiçá* (2012), de Luisa Geisler, essa forma de apego é representada a partir da percepção que os jovens têm de suas memórias e da ficção, que constroem a partir do estranho. Arthur, um jovem independente e determinado, deve conviver com seus tios e sua desconhecida prima Clarissa, uma

---

* Em dezembro de 1995, o grupo armado ETA explodiu um carro-bomba no bairro operário de Puente de Vallecas [NT].

** Torcedor do time de futebol espanhol Real Madrid [NT].

*** Personagem do conto em questão [NT].

pré-adolescente de 11 anos, boa aluna e filha exemplar. Os dois estilos de vida, tão diferentes, confrontam-se de maneira silenciosa, e isso fica evidente na necessidade de ir construindo a identidade de Clarissa, essa adolescente em trânsito, que se apega à ficção que Arthur representa. Eles procuram decifrar um ao outro e se agarram a essa ideia inventada que têm um do outro. Não empatizam, mas inventam uma narrativa própria, simulando uma identidade que se molda a suas buscas. Ele, ao contrário, quer evidenciar os fantasmas desse núcleo familiar. Só que o trabalho é absolutamente complexo por uma falta de conexão real entre ambos. Eles se apegam a uma mentira e se constroem com base em fragmentos. Não é à toa que o livro é construído dessa maneira, jogando com as contradições de ser, estar e pertencer:

> Era verdade que, por causa de Arthur, Clarissa saía de casa por motivos que não eram a escola, a aula de natação ou o curso de piano. Arthur insistia, brigava para que Clarissa saísse de casa. Era verdade que, às vezes, ela não entendia. Às vezes Arthur a deixava sozinha com desconhecidos, pegava uma das garotas pela mão, dizia que já voltava e retornava ao fim da tarde. Às vezes, desconhecidos diziam a Clarissa, ofereciam-lhe, convidavam-na. Era verdade que alguns desconhecidos interessavam a Clarissa mais que

outros às vezes. Clarissa não gostava, mas sempre gostava. Era verdade que não ia sempre, não queria ir, pedia que Arthur a deixasse em paz. Não queria ir, mas, quando estava lá, amava estar. Estar na rua.[44]

Aos 20 anos e com esse único romance publicado, a jovem Luisa Geisler foi reconhecida como uma das vozes mais promissoras da literatura brasileira contemporânea.

O que no início deste capítulo começou como uma pergunta retórica, foi se decantando nos adjetivos com os quais a literatura juvenil se relaciona: gênero, refúgio, rebelião, fé e esperança. Mas prefiro extrair mais uma palavra, em consonância com apego, e contida num excerto do livro *Istanbul*, do escritor turco Orhan Pamuk quando relata a sua própria experiência de liceu: "A solidão me parecia uma coisa transitória; eu ainda não tinha a maturidade suficiente para aceitá-la como o meu destino. (A esperança é um estado infantil, a resistência da imaginação)".[45]

A resistência

Se relaciono meu pai ao emigrar tanto ao taxista quanto a um dos jovens dos clubes de leitura, eles parecem, contudo, adolescentes totalmente diferentes. Suas realidades assinalam as diferenças, e isso ocorre em todas as idades. Mas o que pode existir em todos eles, além dos hormônios e da necessidade de entender o mundo adulto?

Como conceito, a juventude não surgiu por geração espontânea. São consequências herdadas dos mecanismos culturais ativados após a Segunda Guerra Mundial. Nos anos 1970, após o auge da indústria da moda nos Estados Unidos, a publicidade apropriou-se do conceito de "jovem" para ampliar sua oferta de mercado. Sem ir mais longe, uma indústria publicitária de alto impacto como a Pepsi tinha anúncios que diziam: "Hoje em dia, a juventude é uma atitude, não uma idade".[46]

A juventude foi enunciada sem divisões de idade. Portanto, o alcance dessas campanhas foi muito mais absorvente do que o impacto educacional nas escolas. O jornalista americano Thomas Frank, em seu livro *The Conquest of Cool*,[47] faz uma análise acerca dos negócios da cultura e do nascimento do consumismo. Nele, o autor categoriza o jovem como "essa qualidade na arte, na moda, o consumo que insistia em infringir as regras, em mudar sem nenhum outro motivo senão a própria mudança. Em outras palavras, jovem era o espírito antitradicional da moda".[48]

No século atual, o sociólogo Zygmunt Bauman atribui ao consumismo uma forma de resposta dessa nova sociedade de indivíduos que vivem imersos na "luta pela singularidade ".⁴⁹ Ou seja, que a produção em massa cria seu consumo e vice-versa. Os jovens, principais alvos do consumismo, estabelecem então seu complexo aparato de construção como indivíduos. Eles precisam fazer parte da tendência, embora, em seu olhar egocêntrico, acreditem estar nadando contra a corrente. Somado a isso, o algoritmo do Google e das redes sociais escolhe e propõe as recomendações para os usuários da Internet de acordo com seus gostos. Esse é um potencial perigo para a ampliação do âmbito de conhecimento nos adolescentes, que tendem a se conformar com as recomendações mais imediatas de sua *timeline* ou caem no perigoso jogo dos falsos saberes por meio das *fake news*.*

Apropriar-se do "eu" em uma sociedade de consumo é um privilégio que custa dinheiro e exposição. O pronome pessoal do adolescente participa do jogo social. Hoje em dia, você deve não somente apelar para a criatividade para ser alguém diferente, como tem de acreditar cegamente em sua estética, em sua

---

* Para aprofundar esta seção, recomendo os ensaios *The Filter Bubble: How the New Personalized Web Is Changing What We Read and How We Think* (Penguin Books, 2011), de Eli Pariser, publicado [em espanhol] pela Taurus, em 2017; e *The Game* (Einaudi, 2018), de Alessandro Baricco publicado [em espanhol] pela Anagrama, em 2019 [NA].

forma de falar de si. O adolescente resiste. O mundo moderno se constrói nesse "entre aqui e acolá"[50] que Barrie atribuiu a Peter Pan, o menino que se negava a crescer. Não é uma criatura humana, mas também não é um pássaro, isto é, sua fé é questionada: ele vive no desapego.

Portanto, a fé reside em si mesmo e em sua criatividade. Assim como

> [...] os jovens estão em um processo contínuo de negociação do poder e da autonomia. Em seu desejo de predizer e controlar seu futuro, eles assumem um papel ativo no processo cognitivo de aprendizagem, tanto na escola quanto fora dela, e tanto na cultura adulta quanto na cultura dos jovens.[51]

Sob esse preceito, o leitor adolescente pode se identificar com o argumento do filme *A viagem de Chihiro* (2001), escrito e dirigido por Hayao Miyazaki. Sua estreia, no início dos anos 2000, anuncia o embrião de uma mudança na relação que o leitor adolescente do Ocidente estabelecerá com os discursos orientais. Chihiro é uma menina de 10 anos que se encontra frustrada. Sua família está se mudando e a garota está relutante em trocar de escola. Ela não quer mudar sua forma de viver. Em um dos desvios por onde o carro se perde rumo à entrada de um misterioso túnel, ela encontra casinhas dispostas na terra sem nenhuma ordem. Chihiro pergunta à mãe "– O que são essas casinhas?", e a desinteressada mãe responde: "– Altares para rezar". Chihiro, mais angustiada pela curiosidade do pai, não presta atenção nos altares e corre para a entrada do túnel. Ao atravessá-lo, a família descobre um mercado de rua abandonado, como muitos dos que tiveram de fechar depois da crise econômica pela qual o Japão estava passando.* Esse novo mundo começa a se abrir para a personagem de Chihiro como um espaço de incertezas, apegado a essa ficção.

Nesse mesmo ano, outros personagens em crise se apropriam dos espaços culturais e do espetáculo. Em novembro de 2001, foi lançada a adaptação cinematográfica de *Harry Potter e a Pedra Filosofal* (1997), inspirada no *best-seller* que dá início à saga escrita por J. K. Rowling. O sucesso em vendas das três primeiras partes da coleção colocava sob suspeita, para os especialistas em cultura, a qualidade literária de seus livros. A saga de *Harry Potter* começou a estabelecer um código de entendimento entre leitores, fanáticos, jovens e adultos, que ultrapassava a fronteira da ficção para a vida.

---

* Esse período de recessão econômica é chamado no Japão de "década perdida" [NA].

A publicação dos sete livros e a estreia de seus oito filmes durariam cerca de dez anos. Essa condição definiria uma estreita relação de apego com a criança e o adolescente. Além disso, o fato de a atividade de leitura ter se estabelecido ao mesmo tempo em todos os países permitiu um encontro entre os adolescentes dessa geração, capazes de se achar nesse mundo imaginado. Não havia necessidade de falar da realidade social na Argentina ou na Bélgica quando um menino argentino e um belga podiam ter algo em comum dentro de Hogwarts e discutir sobre os truques de magia ou as histórias cruzadas e os mistérios que escondiam a saga. Esses dois iriam crescer com Harry, Rony e Hermione numa transição temporal de dez anos. Então, os conflitos que Harry tinha no quarto livro seriam entendidos por qualquer leitor, mas causavam uma identificação exclusiva com aquele cativo que tinha crescido com o personagem. Harry e o leitor em trânsito são pares.

Essa identificação com a literatura, obviamente, não é um tópico novo. No livro *Literature as Exploration* (1938), a autora Louise M. Rosenblatt reflete sobre a importância da experiência de leitura e do vínculo com o jovem leitor.

> A literatura nos permite algo semelhante à experimentação de ideias [...]. Podemos viver diferentes

tipos de vida; prever períodos futuros da nossa; participar de diferentes entornos sociais; podemos pôr à prova soluções para problemas pessoais. Somos capazes de captar resultados práticos e emocionais [...]. Assim, a literatura pode nos proporcionar um meio de levar a cabo parte da experimentação por tentativa e erro que tão desastrosa seria à vida.[52]

A saga *Harry Potter* foi um fenômeno em que o leitor não só se apropriou de sua história, mas também compartilhou o ritmo iniciático com seus leitores. Esses dez anos de desenvolvimento sustentados na leitura não têm precedente no mundo literário. Além de reconhecer seu sucesso comercial, transformando-se num importante produto de mercado para a década, atraiu leitores adultos que cunharam esses livros como um reencontro com a literatura. Independentemente da cuidadosa construção dos personagens e das virtudes literárias da saga, sua leitura era fácil. O *best-seller* estava se tornando, naquela década, uma ameaça. A edição desses livros que não eram incluídos no programa das escolas e as filas para suas vendas nas livrarias do mundo todo outorgaram ao leitor uma apropriação livre da leitura. Eram obras não legitimadas que alteravam o papel do mediador ou do professor na transição da leitura da criança e do adolescente para livros adultos. O jovem leitor começou a se tornar independente do espaço escolar.

Diante dessa oportunidade, editoras como a SM, na Espanha, decidem que é hora de competir com um sucesso no mercado. Assim conta Pablo C. Reyna (*El cronista de Salem*)* no livro comemorativo *#soyidhunita*:

> Não importava mais o quão grande fosse a saga ou se um volume precisava de mais de seiscentas páginas para contar sua história. Adeus às ideias predefinidas dizendo o que era ou não um *best-seller*.[53]

Em 2004, foi publicado na Espanha *La resistencia*, primeiro livro da saga *Memórias de Idhún*, de Laura Gallego, por meio de uma encomenda explícita da editora. O livro, que competia nesse mesmo ano com o lançamento de *Eragon*, do jovem escritor estadunidense Christopher Paolini, não contava com o apoio das redes sociais. Foi a partir dos adolescentes e de suas recomendações nas escolas, bibliotecas e

---

* Pablo C. Reyna é escritor e editor de literatura infantojuvenil na Espanha. Ex-diretor da Harry Latino (a maior comunidade de fãs de Harry Potter em língua espanhola), é autor de *La guía secreta de Harry Potter* (EDB Infantil Ficción, 2009), entre outros livros também sobre o personagem [NT].

espaços públicos que o mundo Idhún se transformou num sucesso avassalador.

Outro poderoso êxito no mercado da ficção ocorreu em dezembro de 2001, com a estreia da segunda adaptação hollywoodiana de *O Senhor dos Anéis: A Sociedade do Anel*. O primeiro dos três filmes de sucesso encontrou não apenas a aceitação do público e o respeito dos leitores, mas os mais importantes galardões da indústria cinematográfica. Foi, sem dúvida, um acontecimento na história do cinema contemporâneo.

Os filmes foram baseados no livro *O Senhor dos Anéis* (1954) de J. R. R. Tolkien, considerado por vários especialistas como um clássico da literatura épica. Isso apesar de carregar o rótulo de *best-seller*. Embora chamada trilogia, não foi originalmente concebida dessa forma. Sua publicação em três partes estava bem longe da ideia mercantilista de criar um guia de consumo junto aos leitores. A crise econômica e a escassez de papel em decorrência da Segunda Guerra Mundial levaram a editora George Allen & Unwin a promover essa ideia. Cada uma das três partes do livro seria publicada com um ano de diferença. O autor não estava de acordo em dividir sua obra, mas entendia o pedido dentro do quadro socioeconômico em que estavam vivendo. Sem esperar por isso, a decisão conferiu uma validade mais complexa à leitura do universo de Tolkien. Esta adaptação para o cinema colocava Frodo e a Sociedade do Anel ao alcance das novas gerações que não haviam lido a saga. Isso voltou a gerar novas vendas dos livros, reafirmando o rótulo de ser uma literatura de massas. A viagem de Frodo tornou-se, nesses três anos, um ponto de encontro para leitores, fãs e espectadores da épica. A Amazon, 20 anos depois, busca posicionar sua produção de conteúdos *streaming* no mercado com a realização de uma série inspirada em *O Senhor dos Anéis,* que espera estrear em 2022.

A globalização ainda trouxe consigo uma abordagem distinta aos olhos dos jovens e nas histórias que foram dirigidas a eles.* Os três filmes inspirados no universo de Tolkien foram uma consequência

---

* Vale ressaltar que, em 1999, estreou com sucesso a trilogia *Matrix*, das irmãs Wachowski. Isso deu aos grandes produtores confiança para assumir riscos com a produção de filmes de saga. Atualmente, as franquias Marvel, DC e Star Wars têm reproduzido múltiplas histórias e personagens em tantos formatos, que não só saturam o mercado, mas também parecem corresponder às necessidades de seus consumidores (leitores e espectadores) que não se cansam de suas fórmulas. Curiosamente, em 2019, a produtora da Marvel conseguiu que *Pantera Negra* fosse indicado ao Oscar de melhor filme, sendo o primeiro filme de super-heróis a alcançar esse reconhecimento, ao mesmo tempo em que posicionava *Vingadores: Ultimato* como obra de maior bilheteria da história. Esse fenômeno mereceria uma análise à parte [NA].

necessária da desgastada indústria da Disney e suas adaptações distorcidas de contos clássicos. Eles conseguiram estabelecer, talvez sem uma proposta real, pontos de encontro nesses mundos alternativos. Os adolescentes foram construindo um espaço para si nessas comunidades de ficção, entendendo seus mapas e regras. Eles estabeleciam uma nova dinâmica nas formas de leitura dos jovens.*

Essa apropriação do *best-seller* no campo literário é condenada por Mario Vargas Llosa. Ele questiona sua validade no campo cultural:

> Hoje vivemos a primazia das imagens sobre as ideias. Por isso os meios audiovisuais, cinema, televisão e agora a Internet, foram deixando os livros para trás, que, a se confirmarem as previsões pessimistas de George Steiner, dentro de não muito tempo estarão mortos e enterrados. (Os amantes da anacrônica cultura livresca, como eu, não devem

---

* Ao concluir a saga *Harry Potter*, tanto as editoras quanto as produtoras viram uma possibilidade de negócio nessa forma discursiva. Por isso, novas sagas continuaram a ser publicadas sem parar. Algumas com muito êxito, outras de reputação duvidosa. A maioria delas foi adaptada para o cinema: *Crepúsculo, Percy Jackson, Hush, Hush, Jogos vorazes, Shadowhunters, Divergente, As crônicas de Gelo e Fogo, Cinquenta tons de cinza, After*, entre muitas outras [NA].

lamentar, pois, em sendo assim, essa marginalização talvez tenha efeito depurador e aniquile a literatura do *best-seller*, chamada com justiça de subliteratura não só pela superficialidade de suas histórias e pela indigência formal, como também por seu caráter efêmero, de literatura de atualidade, feita para ser consumida e desaparecer, como sabonetes e refrigerantes).⁵⁴

O uso do adjetivo "efêmero" para essa literatura dá a chave para o sucesso cultural que atualmente esses livros têm. A sociedade moderna está imersa em uma cultura, na qual as redes sociais estão evoluindo cada vez mais rápido. O Facebook nasce em 2004; o Twitter e o Instagram, apostando num discurso mais redutor, chegam ao mercado anos depois. O ser humano está marcado pelo temporal, com redes sociais que mostram, sem saciedade e instantaneamente, aquilo que acontece no mundo, o que as pessoas pensam, o que elas veem. Tudo é comentado, discutido e analisado em excesso, até que deixe de existir devido ao turbilhão que se aproxima. Ações não são realizadas, fala-se sobre elas. A necessidade de nos comunicarmos desde o imediato, através dos meios de comunicação, nasce dessa urgência de acreditar nessa pequena cota de poder com a qual a "liberdade" das redes nos brinda.

Da mesma forma, uma série de televisão, um filme ou um livro da moda permitem fazer do indivíduo uma tendência. Fazem o sujeito esquecer o essencial, se apegar ao efêmero, para correr atrás desse espaço que confere um nome nessa sociedade. E embora muitos dos grandes especialistas literários assumam que essa literatura desaparecerá com a mesma fugacidade com que surgiu, vale a pena atentar para as palavras de Román Gubern acerca da legitimidade das obras literárias na história:

> No fim das contas, as ficções são projeções delirantes que nascem da convergência do imaginário de cada autor com a receptividade seletiva da sociedade em que vivem, e seus personagens nada mais são do que fantasmas que eles propõem ao seu entorno, de forma que, se possuem uma funcionalidade gratificante em relação às expectativas latentes em seu tecido social, prosperam e se consolidam. Caso contrário, morrem. As ficções não são impostas ao público, mas propostas, e seu destino é a fecundação ou a esterilidade.[55]

Já prevenida, Ana María Margallo aceita a ameaça e pensa nas possibilidades de tomar isso como um valor favorável a partir da responsabilidade do mediador.

Conjurar o fantasma de que uma formação leitora não planejada cria leitores-consumidores indefesos face às artimanhas publicitárias da indústria cultural depende do rigor com que a escola, e não só ela, constrói um itinerário progressivo que forme leitores literários.[56]

Por fim, em fatal coincidência, 2001 traz consigo o trágico acontecimento que move as bases do pensamento. O ataque às Torres Gêmeas* nos Estados Unidos tanto põe em evidência a vulnerabilidade da humanidade quanto dá origem a uma grande crise econômica. Ele põe em causa o êxito da globalização, deixando como prova contundente o fato de que, nas diversas culturas, dialoga-se diferentemente. Alguns podem se sacrificar em nome da fé; outros, morrer em nome da paz.

A imprensa, nos próximos anos, mudaria. E um ato terrorista passaria a ser uma notícia a mais em

---

* Em 11 de setembro de 2001, 19 jovens membros da rede jihadista Al Qaeda, com idades entre 20 e 24 anos, foram os protagonistas de uma série de ataques suicidas contra os Estados Unidos. Um saldo de 6.000 mortos e a destruição do World Trade Center, ícone da cidade de Nova York, trouxeram consigo uma forte sensação de insegurança, que fez os Estados Unidos entrarem em uma severa recessão econômica. Esse evento deu lugar à chamada Guerra ao Terrorismo [NA].

meio a outros horrores e discussões vazias da sociedade atual. A curta história do século xxi até agora coleciona dúvidas e buracos. O jovem que pertence a esta geração não tem um ponto de apoio real. O mundo adulto não sabe para onde a tecnologia irá, portanto, não tem respostas sobre as atuais mudanças. A humanidade se cerca de escândalos religiosos, decisões arbitrárias de poder e choque de ideias culturais. Um ataque terrorista causa estragos nos Estados Unidos, iniciando-se uma guerra distraída pela mídia; as crises econômicas desestabilizam as potências mundiais; o "não" pela paz vence na Colômbia; as redes sociais e o grafite colaboram em uma revolução contra o governo no Egito, mas as forças militares matam ao vivo e a cores jovens na Venezuela ou agridem jovens manifestantes no Chile; o Brexit separa a Inglaterra da União Europeia; vox, partido de extrema direita, alcança uma popularidade esmagadora em menos de um ano na Espanha, com propostas xenófobas e homofóbicas, assim como Jair Bolsonaro, atual presidente do Brasil, que, ademais, está ligado a discursos racistas e misóginos e promove o uso de armas; Donald Trump, intolerante e capitalista, torna-se presidente dos Estados Unidos depois de Barack Obama ter sido o primeiro presidente negro. O mundo legitimado é uma ilusão. É por isso que a moral também é posta em causa.

A sociedade perdeu, em grande porcentagem, aquele olhar vicário que classificava os mocinhos e os bandidos. Perder a fé nas instituições, nas leis e na organização social permitiu, inclusive, justificar atos criminosos como "danos colaterais". O *status quo* se valeu dessa desculpa para se permitir excessos de dominação contra outras culturas. Assassinato, roubo, uso de dados pessoais, pirataria ou violação dos direitos humanos podem ter sua devida justificativa perante a sociedade. Ainda assim, lamentavelmente, sobre tal empreitada, pode-se constituir uma família ou se preparar para a universidade.

Mario Vargas Llosa, em seu artigo "Proibido proibir" do livro *A civilização do espetáculo* (2013), reflete sobre a decisão do Estado no uso do *hijab*, burca ou véu em uma menina ou jovem muçulmana. Antes de tudo, condena a ingerência do poder nas decisões culturais do indivíduo. Sugere que não se trata de um exercício de democratização do Estado ou de um convite para evitar a intolerância depois dos acontecimentos com as Torres Gêmeas. Em vez disso, assume isso como um novo atentado à liberdade do sujeito social. Pois, nesse caso, o jovem, que constrói pequenas trincheiras a partir do hábito do lar, vê seu direito de manifestar sua cultura ameaçado.*

---

* Na *graphic novel* Persépolis (2003), a cartunista iraniana

Vargas Llosa adverte que, diante da decisão de eliminar o ensino religioso das escolas, existe o risco de se organizar um "mundo futuro dividido entre analfabetos funcionais e especialistas ignorantes e insensíveis[57]" e que isso seria restringir parte da história da humanidade, entregando as novas gerações à "civilização do espetáculo, ou seja, à frivolidade, à superficialidade, à ignorância, à bisbilhotice e ao mau gosto".[58]

Como exemplo, basta observar o contraste entre duas fotos no Vaticano durante 2005 e 2013: em uma, as pessoas aglomeradas esperam o anúncio da nova figura papal; na segunda, um grupo vê o momento através de seus celulares, esses dispostos a fim de capturá-lo em primeiro lugar. Vivemos o momento e o registramos nas redes, como se fôssemos parte da notícia, porém, ao mesmo tempo, a desdenhamos. As novas gerações, em muitos casos, não tomam tempo para dissecar, com o julgamento crítico, as consequências dos fatos, mas, sim, para registrá-los e narrá-los. Essa indolência diante do fato social e

---

Marjane Satrapi aprofunda o valor que o uso do véu tem para sua identidade. Ela relaciona o véu com sua própria viagem pessoal: questiona seu uso na infância, liberta-se dele na adolescência, olha-o como símbolo de derrota ao retornar a seu país e reivindica-o como um elemento próprio da mulher e de sua cultura no final da juventude [NA].

da normativização da violência estão entre as piores heranças deste século.

Outro exemplo dessa frivolidade, que diz respeito à individualidade do homem, está na *selfie* como novo sistema da imagem. O prestigiado crítico de arte estadunidense Jerry Saltz publicou uma coluna na revista *New York Magazine* que se intitulava "*Art at Arm's Length: A History of the Selfie*". A partir da autoridade crítica, ele os legitima.

> As *selfies* mudaram os aspectos de interação social, linguagem corporal, autoconsciência, privacidade e humor, alterando a temporalidade, a ironia e o comportamento público. Tornou-se um novo gênero visual – um tipo de autorretrato formalmente diferente de qualquer outro na história. As *selfies* têm sua própria autonomia estrutural. Isso é muito importante para a arte.[59]

Apesar desse panorama, os jovens do século XXI se apropriaram dessa leitura da rede para reafirmar seu legítimo direito de ser um indivíduo sem máscaras. Eles encaram seu papel na comunidade virtual como um ser real.* Mas justamente o excesso

---

* *We are social* e *Hootsuite* apresentaram um informe em 2018, no qual revelam que apenas 55% da população mundial

de exposição afeta sua formação. Eles preferem se desligar de suas emoções antes de decifrá-las, para que possam compartilhá-las "a tempo" com o resto do mundo. **Dessa forma, criam um registro constante de sua vida cotidiana. Vivem a partir da construção constante da experiência. Fazem do presente uma ficção e constroem personagens para si mesmos.***

Observando essa dinâmica, em 2011, os primeiros vislumbres de vozes híbridas com a tecnologia

---

tem acesso à Internet. Ainda é cedo para concluir que o olhar dos jovens é mediado pelo digital [NA].

* No livro *Nerve* (Simon & Schuster Children's UK, 2016), de Jeanne Ryan, logo adaptado para o cinema, propõe-se uma experiência em que alguns adolescentes, a partir do papel de jogadores ou observadores, podem sugerir testes a serem cumpridos ao vivo por meio de suas redes sociais. Não importa a complexidade, nem que coloquem suas vidas em perigo: eles devem jogar e sobreviver a essa forma sádica de conduzir, que seus contemporâneos têm. Em um exemplo menos agressivo da ficção nas redes, o cartunista Manuel Bartual obteve um sucesso inusitado em 2017, quando compartilhou a história de seu encontro com um estranho parecido com ele no hotel onde passava as férias. A história, compartilhada no Twitter, foi um *trending topic* no mundo e despertou a curiosidade de todos os seguidores. Não parece ser por acaso que, hoje, Bartual publicou um livro sobre essa história chamado *El otro Manuel* (Editorial Planeta, 2018) – e fala-se da possibilidade de levá-lo também para o formato de quadrinhos [NA].

começaram a ser vistos na Espanha a partir do júri do Premio Gran Angular, que selecionou como vencedor o livro *Pomelo y limón*, escrito por Begoña Oro. Nele se narra a história de amor entre dois adolescentes: María e Jorge. Suas mães, atormentadas pela indústria do entretenimento espanhola, são o único obstáculo para estarem juntos. São vítimas da fama, da imprensa e da sociedade que os assedia. Eles encontrarão nas redes sociais uma maneira de se comunicar. María, por sua vez, usa seu sobrenome, Pinilla, para nomear um blog que escreve: "Pinillismos".*
Dessa forma, os leitores adolescentes interessados em histórias de amor podiam conectar-se com seus personagens a partir de uma realidade alternativa: María escrevia um blog e o leitor podia acessá-lo de qualquer parte. A ficção saía do papel e infiltrava-se em seu cotidiano.

Em 2019, foi publicado, no Brasil, *Dentro de mim ninguém entra*, do autor José Castello e do fotógrafo Andrés Otero. Nesse livro, que às vezes se transforma

---

* O endereço do blog é pinillismos.blogspot.com. Como estratégia de marketing, a autora postou no blog um vídeo promocional sobre seu próximo livro. Para isso, usou a desculpa de uma nova entrada escrita pela personagem María. Além disso, destaca-se como técnica de negócios o fato de que *Pomelo y limón* foi o primeiro Premio Gran Angular que podia ser baixado como um aplicativo no iPad [NA].

num discreto e silencioso caderno, é feito um convite provocativo ao jovem leitor. O narrador o leva a explorar os claros e escuros espaços da obra do artista Arthur Bispo do Rosário, importante personagem real da cultura de Japaratuba, cidade brasileira. A ficção, nesse caso, cola-se à dúvida constante de que se haviam descoberto um gênio visionário ou uma vítima de esquizofrenia. A estrutura do curioso livro mistura-se a um inesperado ensaio biográfico final, emotivo, que muda o tom da obra, transformando-a em um livro híbrido sem gênero para nomeá-lo.

Durante o século xxi, blogs e canais do YouTube rapidamente se transformaram num legítimo ponto de encontro do campo cultural assim como um registro da memória individual e coletiva. De fato, a influência e o impacto dos blogs e das redes sociais foram gerando a necessidade de propor livros com uma leitura sujeita aos *hiperlinks*. Esses vínculos podiam acrescentar originalidade, atualidade e enriquecimento à atmosfera da obra, mas também modificavam a relação do adolescente com a leitura. O ato de ler tornava-se, com o tempo, mais inquieto, exploratório e com um compromisso diferente.

> A história da arte também está na história de nossa subjetividade, na necessidade de compartilharmos experiências, dores, alegrias ou assombros com

outros, contemporâneos ou futuros. São tentativas de agregar algumas palavras ao grande relato do mundo para alcançar os brilhos ou as sombras da condição humana.[60]

As vozes narrativas também tinham outras propostas na Internet. Qualquer pessoa com acesso à rede pode contar as peripécias de sua vida ou dar sua opinião sem censura sobre diversos temas: política, moda, culinária, cinema, séries, livros. A figura dos blogueiros ou *youtubers* é mais humana e, portanto, mais credível. Na rede, sempre se encontrará interlocutores que o levarão à fama ou ao esquecimento. Muitos deles se estabeleceram como heróis modernos da razão. São capazes de calcular lucros e perdas diante do sacrifício, muitas vezes egocêntrico, e de criar um vídeo ou uma postagem para seus leitores à espreita.

Livros desse estilo serviram como um primeiro passo para fundir ficção com elementos de consumo: a trilogia *Play* (2012), do autor e *booktuber* Javier Ruescas, tem uma *playlist* no Spotify e uma loja de acessórios; a bem-sucedida série de televisão *La casa de papel* (2017), que conta as atribulações de um grupo de ladrões ao tentar roubar a casa da moeda na Espanha, possui um livro de pistas e testes[61] para verificar se você está apto a participar do grande roubo; o *youtuber* espanhol El Rubius (Rúben Doblas) publicou *El libro troll* (2014), no qual são propostos desafios absurdos que, diante das reais consequências, precisou ser vetado para menores de 16 anos na América Latina, mas que, em menos de um ano, teve mais de quatro edições e mais de 40.000 exemplares vendidos nas primeiras seis semanas após sua publicação na Espanha; o *gamer* Vegetta777 (Samuel de Luque), que, sem ter ainda 30 anos, tem 10 milhões de inscritos em seu canal no YouTube e livros publicados sobre Minecraft;* o jovem autor João Doederlein tem uma conta no Instagram com o usuário @akapoeta com mais de 1 milhão de seguidores, na qual publica microcontos, poemas ou a ressignificação de conceitos que escreve desde os 11 anos. Com essa ideia poética de alterar o significado das palavras, publicou *O livro dos ressignificados*[62] em 2017, sendo sucesso de vendas. Alguns desses conceitos também são usados para intervir nas ruas do Brasil, com o mesmo formato da foto do Instagram.

Existem ainda outros *youtubers* que publicam livros, como Juan Pablo Jaramillo, da Colômbia, que fala de sua identidade sexual em *La edad de la verdad* (2015); Yuya, do México, que dá conselhos de beleza

---

* Minecraft é um dos jogos eletrônicos mais populares dos últimos anos e tem milhões de usuários no mundo inteiro. O jogo permite a criação de objetos e cenários e possui um visual bem característico, em formato de blocos [NT].

em *Los secretos de Yuya* (2014); ou Germán Garmendia, do Chile, que dá conselhos em tom humorístico no livro *Hola, soy Germán: #chupaelperro* (2016). Este último, ao ir como convidado à Feira Internacional do Livro de Bogotá nesse mesmo ano, causou um grande furor entre os adolescentes, ocasionando atos de violência entre alguns pais e funcionários do estande da editora que o publicava. No entanto, isso não impediu que seu livro fosse um dos mais vendidos da feira naquele dia – o que suscitou uma grande discussão, em que editores, jovens e adultos se questionaram sobre até que ponto o efeito midiático desses personagens estava corroendo a aproximação à literatura por parte dos adolescentes. O sucesso desses *influencers* é uma mistura de permissividade nas redes sociais bem como das editoras, que dão apoio, às vezes excessivo, às figuras que representam. Isso somado ao direito dos jovens de escolherem quem seguir – se é que o algoritmo das redes sociais não os sugestiona na busca, priorizando o conteúdo em seu *feed*, seja por tendência, publicidade paga ou por segmentação que cria a rede a partir de seus interesses, subtraindo-lhes, assim, a possibilidade de chegarem a outras opções.

E as escolhas podem chegar a ser infinitas, porque, neste século, há um último fator a ser considerado: o *nerd*, as minorias e o diferente estão em alta. Em outras palavras, fazer uma fila para tirar uma *selfie* com a cantora estadunidense Ariana Grande tem tanto mérito quanto comprar uma camiseta que tenha a palavra *"bazinga"* estampada – uma das piadas de Sheldon Cooper, personagem da série *The Big Bang Theory* (2007). Sheldon, interpretado pelo ator homossexual Jim Parsons, é um cientista prestigiado com sérios problemas de socialização, mas representa um dos mais fortes personagens de humor desta geração. Isto é, agora os marginalizados têm atitude e triunfam. A série televisiva *Glee* (2009-2015) reunia, no coral de uma escola de ensino médio, um grupo de adolescentes excluídos, tendo sido, no princípio, uma série indicada a vários prêmios e com elevados níveis de audiência. Além disso, nasce, embora de forma mais discreta, *Please Like Me* (2013-2016), série australiana protagonizada pelo comediante Josh Thomas, que interpreta um personagem singular com o mesmo nome do ator, o qual explora sua homossexualidade junto a um peculiar grupo de amigos e uma mãe que luta contra a depressão. Esta excelente série aborda a vida de jovens depois de concluírem o ensino médio, enquanto buscam um lugar no mundo. Ou o sucesso na Netflix de *Cara gente branca* (desde 2017), série reivindicativa sobre a presença das mulheres e homens negros no espaço universitário dos Estados Unidos, a partir de uma crítica mais ácida e da construção de um humor inteligente que abarca também a paródia de outras séries que buscam atualmente representar mulheres e negros, como *Scandal* ou *O conto da aia*.

No Brasil, nascem séries como *Sintonia* (2019), que buscam levar o conflito juvenil a outros terrenos, mais pessoais, pondo em conflito a religião, o tráfico de drogas e as aspirações musicais de um trio que compõe suas próprias músicas. Ou a bem-sucedida e irregular série *Coisa mais linda* (2019), que propõe uma revisão da figura da mulher, de suas liberdades profissionais e sexuais, em uma época de desigualdade causada tanto por seu gênero quanto por sua condição social.

Recentemente, o filme espanhol *La llamada* (2017), uma história de sucesso, nasce de um musical escrito e dirigido por Javier Ambrossi e Javier Calvo. María e Susana, amigas e amantes de *electro-latino*,* encontram-se num acampamento cristão. Uma delas inicia uma ligação inesperada com o chamado de Deus, e a outra, com seu despertar sexual. Uma história de tolerância, que mistura meninas adolescentes com freiras convictas ou em conflito, sem questionar a decisão de nenhuma delas sobre um assunto tão complexo como

---

* Fusão de *bachata*, *reggaeton*, merengue e salsa com um toque eletrônico distinto, o *electro-latino* é atualmente um dos ritmos mais populares em diversos países da América Latina [NT].

a religião. Esse reconhecimento do público jovem, aliás, soma-se ao fato de que Javier Calvo, que ainda não havia completado 30 anos, não somente acabava de construir a bem-sucedida websérie *Paquita Salas*, mas também já era conhecido por interpretar Fer, um menino orgulhosamente homossexual e um dos personagens mais queridos do público na polêmica e próspera série juvenil *Física o Química* (2008-2011).

No livro *Cidades de papel* (2008), de John Green, o protagonista é um jovem absolutamente "normal" que se vê envolvido na vingança de sua vizinha, a menina *cool* da escola, que, em seguida, desaparece, e ele decide ir procurá-la. E *As vantagens de ser invisível*, cujo protagonista, Charlie, tenta começar o ensino médio superando o luto depois do suicídio de seu melhor amigo e, para isso, contará com Patrick, um menino homossexual, e Sam, uma menina ligada às artes, que lhe darão um refúgio na amizade, numa obra cheia de referências a livros, filmes e músicas.

Definitivamente, assistir à Comic-Con* disfarçado de Sailor Moon ou Daenerys Targaryen** aparente-

---

* Trata-se de um evento originado nos Estados Unidos nos anos 1970, uma das festas de maior prestígio no setor dos *comics* e cultura pop, e que possui também uma edição brasileira [NT].

** Sailor Moon é uma personagem de *mangá* muito popular

mente já não é mais malvisto. Parece um padrão que foi se estabelecendo junto a estas novas gerações: você pode ser normal, *cool* ou *nerd*. Todos entram nessa sociedade ideal. Mas realmente: os jovens são tão tolerantes assim?

Hoje, a sociedade brinca de politicamente correto. O exercício da aparência, na verdade, não permite que as bases do indivíduo sejam bem-vistas. Por exemplo, o discurso da imagem compartilhada nas redes sociais, em sua maioria vazio, reforça a posição que o adolescente ocupa no mundo. Muitas vezes, o sujeito atual, não apenas os jovens, cria uma sequência infinita de fotografias com as quais busca validar seu modo de vida, seja ele qual for, a fim de ser aceito pela sociedade. Inventa um personagem ou uma ficção de bem-estar. No fundo, isso nada mais é do que um ato voyeurístico da sociedade que corrói os espaços íntimos do outro.*

ALERTA DE SPOILER >> Em março de 2018, lançam a série de televisão *Heathers*, inspirada em um filme

---

nos anos 1990; Daenerys Targaryen é uma das protagonistas de *Game of Thrones* (2011-2019), série da HBO baseada nos livros de autoria do escritor estadunidense George R. R. Martin [NT].

* Parte do embrião dessa nova dinâmica surge da evolução dos formatos televisivos como os *talk show* e os *reality shows*, que exibiam os conflitos cotidianos dos indivíduos em uma sociedade [NA].

de 1988 com o mesmo título. No primeiro episódio, conhecemos Heather, uma menina obesa e excessivamente reivindicativa, que busca evidenciar e humilhar todos aqueles que, intencionalmente ou não, menosprezam alguma das minorias. Ela é a mais popular da escola, cercada por um menino e uma menina que não reconhecem seu gênero, isto é, que declaram não ter uma identidade sexual definida – o menino se maquia ou usa saias, a menina diz que pode gostar de homens ou mulheres. É uma amostra da liberdade que se professa hoje nas sociedades liberais, levada ao extremo. Dois outros personagens, defendendo a normalidade como uma forma de vida, decidem enfrentá-la e acabam matando-a – ou é o que pensam. O efeito viral que a potencial morte dessa *influencer* acarreta faz com que a própria Heather, com o sucesso de tantos novos seguidores, esconda sua morte para reaparecer. Após o trágico tiroteio em um colégio na Flórida, a HBO suspendeu por alguns meses a estreia dessa série, que questiona, de forma estridente e evidente (às vezes evidente demais), o modo superficial com a qual questões como suicídio, minorias e *bullyng* são tratadas hoje. No entanto, a Netflix aproveitou para estrear a segunda temporada de *13 Reasons Why*, que tratava dos mesmos temas, mas com uma intenção formativa, com vídeos curtos dos atores dando recomendações e linhas telefônicas de ajuda gratuitas para adolescentes, fomentando conversas sobre *bulliyng* e porte de armas por adolescentes. A HBO ainda estreou em 2018 uma nova série: *Here and Now*, que questiona a constante reivindicação vazia de gênero, raça e religião na sociedade progressista, colocando em questão a confusão da sociedade, a potencialização da intolerância e a falta de limites entre as pessoas.

Com o livro, muitas vezes, acontece o mesmo. Em nossos dias, ele passa a estar a serviço do aparente, do espetáculo e do mercado. Felizmente,

> [...] o livro não é realmente um veículo de massa, embora possa ser, sem especial vantagem social. Há uma vantagem social em que todos nós compartilhemos um mínimo de leituras comuns, especialmente a leitura dos clássicos, em benefício da conversa. Porque é bom compartilhar o alfabeto, pesos e medidas, vocabulário e um mínimo de referências históricas e literárias para nos entendermos. Porque sem compartilhar algumas leituras, músicas, provérbios, notícias, filmes, a conversa é impossível. A uniformidade nos entedia e empobrece, mas a diferenciação absoluta nos isola. A diversidade enriquecedora é construída a partir de uma base comum. Essa diversidade combina muito bem com os livros, e essa é sua vantagem sobre os veículos de massa.[63]

A diversidade como possibilidade, então, enriquece a ficção. Os adolescentes, nessa consolidação do "eu", não só se alimentam dos recursos de sua viagem, mas também das outras identidades que encontram. **Essa sociedade, cada vez mais exibicionista, tem um privilégio com relação às maneiras de ler dos adolescentes de outras gerações: a socialização das leituras. Em outros termos, o ato íntimo de ler também é exposto, é potencialmente um fato social, compartilhado.** Isso faz com que uma ficção possa ser discutida de forma plural e gerar pontos de encontro, não só no literário, mas também no social. E esse vínculo pode operar de modo distinto em outros formatos ficcionais, como músicas, narrativas digitais, aplicativos ou videogames.*

Embora pareça não haver razão para que o afeto e o apego não façam parte da aproximação com esse outro tipo de leitura mais ligada ao sensorial, almejo que o corpo se coloque à disposição dessas leituras, com a entrega e o compromisso emocional que isso implica. Assim como fazem com o livro.

---

* No que se refere às narrativas digitais, aplicativos e videogames, eles pressupõem uma investigação muito mais complexa, em um campo da leitura que especialistas como Celia Turrión ou Lucas Ramada, na Espanha, estudam [NA].

A diversidade

A mudança de paradigmas nos livros para jovens operava de forma paralela em diferentes países. A autora Liliana Bodoc, na Argentina, publicava *Los días del venado* (2000), o primeiro dos livros da saga dos Confins. Essa trilogia de literatura épica dirigida aos jovens foi inspirada na chegada dos espanhóis na América. Seu inesperado sucesso criou uma sólida comunidade de leitores adolescentes na América Latina, que se identificou tanto com a história quanto com a reivindicação cultural de terem sido tratados como uma periferia.

O eixo central da trama do livro reside no Concílio, do qual participarão representantes de cada uma das civilizações do continente. Essa convocatória nasce dos presságios mágicos e anúncios que são apresentados nos códices antigos. Estrangeiros chegarão às Terras Férteis pelo mar e, com eles, Misáianes, filho da Morte. A ameaça de guerra e extinção da terra como eles a conhecem é iminente.

Essa evidente revisão histórica por parte da autora argentina é interpretada como uma profunda crise do pensamento. O espaço da ficção é colocado a serviço da crise do leitor, que encontrará na história um terreno cultural ao qual pertencer.

É curioso que, em 2011, a edição de *Blue Label/ Etiqueta azul*, de Eduardo Sánchez Rugeles, tenha se tornado um livro *cult* para um grupo de jovens leitores na Venezuela, que, em sua maioria, buscava sair do país antes da crise econômica. O romance, dirigido ao público adulto, começa com uma poderosa epígrafe da protagonista: "Quando eu crescer, quero ser francesa", refletindo a pouca segurança que os adolescentes sentiam diante das várias mudanças sociais e políticas que estavam acontecendo na América Latina. A ficção, agora, pressupunha um espaço de fuga alheio ao pertencimento a esse terreno cultural. Pertencer ou não pertencer? Qual é a pátria do adolescente?

No mesmo ano, Jaime Alfonso Sandoval publicaria, no México, *Operativo nini*,[64] um livro com pitadas de humor e ironia que procura questionar esse jovem que não toma partido em nada; folgado e cínico, que não trabalha nem estuda; e sem sentimento de pertencimento. Esse personagem encarna um dos problemas periódicos da cultura dos jovens na América Latina: o pai ausente e o desencanto social.

Na Colômbia, Pilar Lozano publica *Era como mi sombra* (2015), livro selecionado pela lista White Ravens de 2016, que reúne os livros mais destacados mundialmente. Nele, duas crianças vivenciam o conflito armado na Colômbia do ponto de vista do guerrilheiro. Ele indaga, em pequenos detalhes, os motivos pelos quais as crianças do campo se unem a uma causa, para além da crença nas mudanças que estas propõem. Essa obra curta consegue ter, além de uma poderosa voz narrativa, uma construção constante de metáforas literárias. Descobrimos que cruzar um arco-íris dá azar; ou que o mapa do país na sala de aula que eles abandonaram não lhes fala de um território alheio: a selva lhes pertence por intuição e sobrevivência. Seus personagens, como parte de uma sociedade marginalizada, devem superar o trauma e o horror. Em 2018, a Editorial Milenio publica na Espanha *No comas renacuajos*, de Francisco Montaña. Esse livro, publicado atualmente na América Latina pela Babel, é considerado uma das obras mais representativas da literatura infantojuvenil colombiana. Ele reflete, a partir de um grande trabalho estético e narrativo, sobre a pobreza na infância. Esta nova edição permite incluir em outros mercados internacionais, e fora de um plano de leitura, um livro que parecia apenas local.

No Brasil, Nilma Lacerda já havia publicado *Estrela de rabo e outras histórias doidas* (2005), livro em que a voz excluída se repotencializa a partir da luta contra o aparato político, mas usando como arma sua capacidade de trazer alegria à vida em situações de miséria. O protagonista, um catador de lixo, reivindica a figura de sua avó, que é capaz de dobrar a sociedade com sua capacidade de adaptação. O pertencimento, nesse caso, não é só a família, mas as formas de contar o nosso mundo. Recurso pelo qual Lygia Bojunga também ficou obcecada em sua obra e que continua se repetindo em livros como *Aquela água toda*, do autor João Anzanello Carrascoza, no qual o lirismo acolhe o relato da vida cotidiana.

Outras vozes, como de Bianca Santana, que, depois de ser reconhecida por suas crônicas em um blog do HuffPost Brasil, foi convidada a publicar o livro *Quando me descobri negra* (2015). A jornalista reúne diferentes narrativas sobre a experiência de ser negra e viver no Brasil, mas o faz na forma de um registro cotidiano e numa linguagem muito mais coloquial. Esse livro abriu a possibilidade de ter um blog com o mesmo título do livro, no qual os leitores pudessem compartilhar vivências semelhantes. Bianca já havia tido experiência com o tema virtual não só com seu blog, mas com o projeto "Think Olga", que promove o espaço de debate, a reflexão e a transformação do ativismo feminista no Brasil.

Também se apresentam obras mais arriscadas, como *Clarice* (2018), de Roger Mello, ilustrada por Felipe Cavalcante, que reflete sobre a ditadura militar no Brasil a partir do olhar de duas crianças. É um livro que aborda o peso da história, o poder da palavra, o alcance da censura e o mistério das ausências.

A quilômetros de distância, na Dinamarca, a escritora Janne Teller recebeu, no início de 2000, um pedido de uma editora do país para escrever um livro dirigido a adolescentes. Depois de hesitar, decidiu escrever uma história que foi tida como obscura e truculenta, apesar do uso do alegórico como recurso narrativo para não mostrar com crueza a realidade que estava contando. Sua proposta foi tão polêmica que a própria editora não quis publicá-la. Apesar disso, ela recebeu do Ministério da Cultura dinamarquês o prêmio de Melhor Livro em 2001; mas isso não evitou que os adultos considerassem o livro inadequado para adolescentes, proibindo-o em algumas escolas da Alemanha e Noruega, e até mesmo livrarias francesas recusaram-se a comercializá-lo. A censura não impediu que, pouco a pouco, ele continuasse a ser traduzido e discutido em diversos países.

Em *Nada*, um grupo de adolescentes de 14 anos assiste com medo à forma como Pierre Anthon, um colega de classe, decide deixar a escola ao dizer que "Nada importa. Faz tempo que sei disso. Então, não vale a pena fazer nada. Isso eu acabei de descobrir".[65] Em sua ânsia de fazê-lo recobrar a razão, eles começam a recolher "um monte de significados" entre os bens mais valiosos que têm. Cada um desses significados são metáforas nas quais estão, entre outras, as ideias de culto, pátria, identidade, família e sexualidade. A missão, que a princípio parece inocente, transborda em um jogo macabro de poder e tortura. Para não perder a fé ou a esperança no mundo, esses adolescentes são capazes de fazer o que for necessário. E se o dedo de um deles passar a significar alguma coisa, vão forçá-lo a cortá-lo. Em sua luta para restaurar valores, eles profanam os seus próprios. E, à medida que a coleção se fortalece, entram em jogo os papéis do adulto, representados por meio da sociedade e da arte, em uma crítica que se expande e se torna mais universal. Em 2010, a Seix Barral, editora destinada a adultos, decidiu traduzir o livro para o espanhol. Dez anos após sua primeira publicação.

Apesar de serem países com culturas muito diferentes entre si, todos concordam em traçar um caminho paralelo na leitura para os jovens. Cada um questiona as bases do mundo. O homem confronta sua individualidade, procura renovar sua fé na realidade a partir do trânsito: Frodo luta contra aquilo que o Anel o faz sentir, antes de destruí-lo em Sauron; Harry Potter busca um espaço no mundo, livre do rótulo de "o eleito", que o acompanha desde sua infância; Chihiro tem de evitar desaparecer nesse novo lugar onde perdeu os pais; Dulkancellin deve se entregar à defesa de suas terras contra a chegada do desconhecido; e Pierre Anthon perde a fé na vida, e seus amigos lutam para não serem como ele, custe o que custar.

Os ritos de transição para leitores adolescentes de todas as gerações se fundamentam nas emoções e nas paixões. Aquilo que nos mantém humanos.

Ritos de pertencimento

Em linhas gerais, a vida se esforça, continuamente, para nos mostrar tudo o que ignoramos, o que não queremos ver e quão pouco controle temos sobre as coisas.
SANTA ANA, ANTONIO. *NUNCA SERÉ UN SUPERHÉROE*. COLÔMBIA: GRUPO EDITORIAL NORMA, 2001.

Quando minha mãe conta a história da forma como descobriu o que sentia por meu pai, seu rosto se transforma. Conserva no olhar sinais de picardia e emoção, semelhante ao daquele taxista – privados das armadilhas do intelecto ou da literatura. Minha mãe não só confessa a pouca idade que tinha, como a sensação específica em seu peito quando viu que meu pai passava e ela o observava pela janela. Sempre ressalta, como se fosse de vital importância, uma referência: "Estava passando um filme na TV, *Viagem ao fundo do mar*".*

---

* Direção de Irwin Allen. 20th Century-Fox, 1961 (1h46m) [NT].

A palavra pueril, desprovida de ornamentos, narra uma ficção a partir de seu ponto de vista. Nela, dialogam a emoção, a nostalgia e a memória. Esse exercício da lembrança me faz pensar em uma experiência de promoção de leitura que o Banco del Libro desenvolveu na Venezuela com o intuito de ajudar às vítimas das regiões inundadas pela tragédia de Vargas,* um deslizamento ocorrido naquele estado no final de 1999:

> [...] pensaram em *Cem anos de solidão*, de Garcia Márquez: quando os camponeses de Macondo, insones, perderam a memória, foi preciso pôr etiquetas nas coisas para que tudo não se tornasse caótico, indistinto. Para que os espaços em crise sejam novamente habitáveis, talvez eles devam recuperar toda uma consistência simbólica, imaginária, lendária, marcos e referências.[66]

O ato de pertencer na literatura, no caso dos adolescentes, é uma questão emocional. Eles se alimentam de sua complexidade como seres humanos

---

* Desastres naturais que ocorreram devido às chuvas que atingiram o estado de Vargas, na Venezuela, em dezembro de 1999. Inundações e deslizamentos causaram a morte de milhares de pessoas [NT].

para habitar esse nada que são obrigados a enfrentar; o que implica uma relação mais empírica e menos intelectual com a crítica dos livros. Isso cria um desafio importante para professores e mediadores, ao mesmo tempo que um temor: a literatura que eles escolhem são bons livros? Não necessariamente, mas devemos nos curar do espanto e deixá-los refletir sobre a relação que estabelecem com a leitura. Não os proteger nem pretender lhes mostrar a verdade, porém falar com eles com base na própria honestidade leitora e convidá-los para discutir. Confiar, conforme proposto por Cecilia Bajour em seu livro *Oír entre líneas*.

> Confiar que os leitores possam se deparar com textos que os deixem inquietos ou em dúvida é uma forma de apostar nos aprendizados sobre a ambiguidade e a polissemia na arte e na vida.[67]

Essas emoções criam um vaso comunicante entre a infância e a idade adulta. A nostalgia torna-se criativa. Unem apego e perda para que, como a *saudade*, possam estabelecer um espaço com nome próprio. É seu idioma, são suas regras. É um sentimento criado por eles que, por sua vez, abriga muitos outros. Qual é o papel do promotor de leitura diante dessa forma tão pessoal de abordar a ficção? Como podemos ganhar sua confiança para ouvi-los? Como um adulto pode acionar modos de abordar o livro fora da comunidade de leitores formada apenas por adolescentes?

Ana Garralón, em seu blog *Ana Tarambana*, compartilha um post denominado "Lectocrime"[68] para elucidar os fatores por meio dos quais a promoção da leitura pode jogar a favor do abandono das leituras em idade precoce. Ele sugere dois tópicos que eu gostaria de ressaltar: "a superlij", isto é, os livros "para" tratar de diferentes temas; e, por outro lado, sustenta que o ato de "fazer algo" depois da leitura pode acabar com esse vínculo que se estabelece com o leitor. Na verdade, a seleção de livros para esses projetos não pretende ser focada em certas temáticas; pelo contrário, a partir das experiências estéticas e literárias que esses livros geram abrem-se os discursos para reelaborar a forma como eles habitam o mundo.

Contudo, o "fazer algo" depende não apenas das intenções, como também da maneira que se conduz. Não creio que o prazer de ler e o fato criativo estejam totalmente desligados. Nesse caso, ela fala de crianças, entretanto procuro entender isso nos jovens. Não espero que os adolescentes acabem levando um desenho do suicídio de Hannah Baker em *13 Reasons Why* (2007), livro de Jay Asher que, em 2017, foi adaptado para uma polêmica série de televisão. Porém, se for criada uma fita cassete com 13 motivos para superar os dias ruins, em que se inclua uma seleção de músicas favoritas dos participantes, pode-se gerar uma discussão divertida, ao mesmo tempo aguda e crítica, pois usará o recurso em favor de um desenvolvimento mais ativo do projeto. Nessa experiência, a qualidade literária do livro e seus problemas estruturais são desmontados, assim como se questiona o tom pausado e panfletário da série. Mas, além disso, ouvimos as vozes de seus personagens e ouvimos a nós mesmos. Descobrimos, por comentários aparentemente inofensivos, até onde nosso pacto com a ficção é também nossa forma de ver o mundo. Entender que a personagem de Hannah Baker questiona isso com igual dureza na ficção e na realidade, que todos somos capazes de fazer *bullying* ou incapazes de entender nosso poder sobre o outro. Gerar esse espaço de liberdade permite a confiança para uma conversa honesta. Eles estarão envolvidos, a partir de seu próprio reconhecimento, para desmembrar a obra literária.

Outros exemplos, menos polêmicos e independentes, procuram relacionar o jovem à sua experiência imediata. João Anzanello Carrascoza, inspirado no Museum of Broken Relationships da Croácia,*

---

* Museu em Zagreb (Croácia), dedicado às relações amorosas fracassadas. Suas exposições incluem objetos pessoais deixados por antigos amantes, acompanhados de breves descrições [NT].

escreve o seu livro *Catálogo de perdas* (2017). Acompanhado pelas fotografias de Juliana Monteiro Carrascoza, são reunidas, em um diálogo, a imagem real do objeto e a experiência literária do relato. Uma experiência estética sobre a perda, o esquecimento e a representação da emoção. Exercício que, nesse mesmo ano, Marina Colasanti colocou em prática com sua coleção de poemas *Tudo tem princípio e fim*, em que usa a palavra poética para nomear o cotidiano e convidar o leitor a desmembrar a vida a partir do encontro com a beleza nas pequenas coisas. Proposta de observação que, também no Brasil, o cantor e artista plástico Manu Maltez havia realizado em 2014 com seu livro *Desequilibristas*, só que em um registro mais provocativo e incendiário sobre a cidade. O livro guarda registros, ilustrados à tinta, de seu tempo com outros skatistas na Avenida Sumaré, na cidade de São Paulo. O narrador, mais do que se deixar levar pela perplexidade poética do cotidiano, convida o leitor a confrontá-la, levá-la a seu terreno, dinamitá-la. Como sugere Graciela Montes em seu livro *Buscar indícios, construir sentidos*, também publicado em 2017:

> E, no entanto, a leitura é algo mais, e algo muito menos tranquilizador, ou tão tranquilizador quanto olhar para um abismo. A leitura nos coloca diante do enigma. Ela, digamos, "perplexifica" [*perplejea*] (peço

permissão para um neologismo). Deixa-nos à beira da iminência. E é esse enigma, essa iminência, essa primeira escuridão com a qual alguém, justamente, se confronta o que o leva a ler. É esse o vazio que deve ser preenchido. Esse silêncio que se enche com palavras. É assim que a leitura respira. O ar não entra sozinho em nossos pulmões, é o vazio que se faz nos pulmões que arrasta o ar para dentro (todos os que já tiveram crises asmáticas conhecem o mistério). E com a leitura é igual. Tem que haver um vazio que será preenchido lendo. Se o vazio não estiver ali, de nada adianta empurrar a leitura para dentro. Essa é a condição prévia. O vazio, metaforicamente a pergunta, o que não se sabe, o que faz falta.[69]

Não espero, nem quero, que o livro seja um espaço de formação, mas sim um espaço de questionamento. Para pôr em diálogo o pensamento crítico e o emocional, incentivo outras experiências mais complexas nos clubes de leitura do que a simples discussão do livro. Lorena (13 anos) os chamava de "experimentos sociais", e eles permitiam que outro tipo de discussões fosse colocado em funcionamento a partir dos livros. Por exemplo, para aproximá-los do fato artístico na obra de Edward Gorey, arquitetei a dinâmica *O livro que mata*. O grupo de jovens participantes deveria resolver meu "aparente" assassinato. Eu não existo, não há mediador, somente estão diante deles vários livros da obra de Edward Gorey e o tabuleiro Ouija,* por meio do qual meu espírito consegue responder a algumas dúvidas. As pistas de meu assassinato estão dispostas nos livros de Gorey e em curiosidades de sua biografia. Eles vão armazenando, a partir de uma leitura decodificada do texto e da imagem, pistas que revelam tanto os motivos de minha morte quanto de quem me assassinou. Alguns dos participantes, previamente avisados, fazem parte desse crime e pertencem a esse *role play*. No final, quando conseguem chegar à verdade, descobrem que minha morte não acontece por acaso, mas que está ligada com *Los pequeños macabros* [*The Gashlycrumb Tinies*], uma das obras de Gorey. Naquele instante, eles não só questionaram a obra do autor, em sua forma de conceber a literatura como arte, mas descobriram sua potencialidade e o tom de seus livros: uma mistura de macabro, balé e humor ácido. Por sua vez, relaciono os jovens com o pacto ficcional, a apropriação do livro, a suspeita e o literário.

Trata-se de refletir sobre a ficção de outro ponto de vista. Experimentos como esses, no passado, eviden-

---

* Tabuleiro de madeira que possui alfabeto e números com os quais é possível, supostamente, entrar em contato com espíritos [NT].

ciaram a maleabilidade mental do ser humano. O livro *Die Welle* [*A onda*], de Morton Rhue (pseudônimo de Todd Strasser), põe em evidência o experimento que o professor Ron Jones fez com seus alunos na Califórnia em 1967. Sua intenção era demonstrar, em ações, como a Alemanha nazista foi capaz de permitir o aniquilamento dos judeus. Ele criou seu próprio movimento, no qual extirpou a ideia do individual, propondo uma luta comunitária por meio do orgulho de pertencimento.

Os resultados foram terríveis e mostraram o quão vulnerável o ser humano é. Por isso, entendendo esses erros, a ideia não é levá-los à prática de um modelo. Pelo contrário, pretende-se dar novamente a eles uma porta ao espaço crítico com os recursos a que estão habituados: sua entrega à leitura.

Para dar outro exemplo de uma de minhas dinamizações, a responsabilidade emocional que a liberdade enfrenta é levada a outro nível com o *Proyecto Eva*. Nessa dinâmica, estimula-se um estado de confusão, no qual eles quase não têm chance de pensar. Estão aterrissando em uma nave espacial que os salvou da destruição massiva após a Terceira Guerra Mundial. E, sem perder tempo, precisam colocar esse projeto em prática. Os participantes são "os escolhidos" de um "tribunal anônimo da ciência e da sabedoria" para formar o congresso de um novo mundo.

Em poucas palavras, eles devem estabelecer as leis, direitos e deveres do novo ser humano. Só que, na constituição dessa nova era, ocorre um fato democrático nessa sociedade que eles têm de proteger. Cada um dos estados que representam escolheu uma lei que devem defender: são leis tiradas de diversos livros de distopia. Os jovens são capazes de defender ideias com as quais não estão de acordo? Observar as leis fora de seu contexto original os ajuda a redimensionar as obras literárias de onde elas vêm? Nesse caso, a ideia é usar o recurso de pertencimento nos livros e confrontá-los com outras possibilidades mais críticas da razão, em que seus comentários apaixonados, e talvez intransigentes, não tenham lugar. Obviamente, o mundo que estão construindo nesse exercício depende de sua lógica como humanos; mas essas leis das distopias também pertencem a uma lógica própria dentro da estrutura dos livros de que foram extraídas. Eles chegam, por fim, a compreender esse universo, o defendem ou o enfrentam, levando o pacto ficcional a outro patamar: vivendo-o como sendo seu, sem questionamentos.

Em um dos resultados, uma das adolescentes de 15 anos propôs aceitar a lei de *O conto da aia* (1985), de Margaret Atwood. Se, ao serem criadas, elas podem ganhar tempo para ir estabelecendo um mundo disposto a se rebelarem entre as mulheres, isso pode ser um ganho a longo prazo. Outra das meninas se negou categoricamente: "Se esta sociedade espera ser salva à custa de que me estuprem, então prefiro que ela termine imediatamente". Isso, acabada a atividade, despertou uma longa discussão acerca da sociedade e de até onde somos capazes de chegar dentro dela por termos julgamento crítico mais do que suspeita. Como afirma Gabriel Zaid em seu livro *Leer*: "os livros reproduzem a colheita, não o processo criativo. Em contrapartida, os discursos semeados na conversa germinam e produzem novos discursos".[70]

O trabalho do mediador será acompanhar, sugerir bem como ouvir e entender. Ainda mais hoje, em que as referências são variadas, dispersas e provêm de diferentes formatos. A ficção é um veículo para provocar reações emocionais das quais eles se aproximam no ato de ler.

A morte

A morte é um ponto final. Os jovens não concebem nem entendem esse apagar da luz e desaparecer. Acreditam que são invencíveis. Afeta-os entender que são vulneráveis, insignificantes dentro da constituição da natureza. Fazem parte de um ciclo natural. Em *Jogador Nº 1*, livro de Ernest Cline, seu protagonista

Wade leva uma vida bastante marginal em 2044, à medida que tenta desvendar as pistas para ganhar um importante prêmio do videogame Oasis. Em sua pesquisa, encontra uma revelação política, social e ideal do mundo tão caótica, que fica atordoado ao se dar conta de que a morte é um ato natural em que seu cérebro deixa de funcionar. Não há provas sobre a existência do céu nem de Deus: "Então agora você tem de viver pelo resto de sua vida sabendo que vai morrer um dia e desaparecer para sempre. Sinto muito".[71] Essa consciência da morte e da vida humana como sinônimo de uma miséria desnecessária o leva a um mundo de evasão alheio: ser um personagem de videogame que deve cumprir missões, sem variantes emocionais.

Por outro lado, a adolescência implica um alto índice de suicídios, pelo fato de os adolescentes não se adequarem plenamente às normas do novo mundo que os atinge ou por juntarem as peças com as quais tiveram de crescer.* Essa dualidade se alimenta além

---

* Em 1774, o escritor Johann Wolfgang Von Goethe publicou seu romance epistolar *Os sofrimentos do jovem Werther*, no qual o protagonista contava a um amigo, por meio de cartas, sua infeliz história de amor, que o leva ao suicídio. Na época, há registros de pelo menos 40 jovens leitores que, afetados pelo livro, tomaram a mesma atitude sentimental de Werther, cometendo suicídio. Em 1926, após o suicídio

do fato de ser indivíduo, de se reconhecer, condição do século atual. Lena Dunham, jovem atriz, escritora e produtora da série para televisão da HBO *Girls* (2012),* reflete sobre esse tema não somente na série, mas em seu livro *Não sou uma dessas*.

> Eu nem consegui acabar um trabalho em grupo para a aula de artes no segundo ano. Como vou dividir uma compreensão com o resto da humanidade? Se esse for o caso, sou solitária demais para

---

do ator Rodolfo Valentino, uma onda de suicídios em massa foi gerada por seu grupo de fãs em diversos países do mundo, envenenados e cercados por fotos do ator. O mesmo fenômeno ocorreu em 1994 com o suicídio de Kurt Cobain, vocalista da banda Nirvana. Em 2017, e diante do sucesso da série *13 Reasons Why*, vários casos de suicídios entre adolescentes foram localizados, inspirados na cena em que a jovem protagonista tira a própria vida, incapaz de enfrentar seus problemas. Isso gerou uma grande polêmica, que obrigou a produtora Netflix a eliminar a cena do suicídio em sua plataforma de *streaming* e a criar uma campanha com linhas de apoio e conselhos de parte do elenco antes de cada novo episódio [NA].

* Lena Dunham, aos 21 anos, dirigiu seu primeiro filme, *Mobília mínima* (2010). Hoje, com apenas 30 anos, goza de considerável sucesso no mercado alternativo de televisão. Sua série *Girls*, com seis temporadas no ar, lança um olhar irônico, verista e crítico às angústias das novas gerações [NA].

a morte, mas também tenho medo de ficar sozinha. Onde me encaixo?[72]

Além disso, a morte se revela na multiplicidade de suas formas culturais. Um fanático religioso pode encontrar na morte um espaço para a justiça; porém, talvez, um general de guerra a julgue como um dano colateral para o bem da humanidade. Alguns seres humanos ainda ficarão comovidos diante dessas mortes, outros lamentarão de suas trincheiras virtuais. Há indivíduos para quem a morte do presidente de um país dói mais do que a de um jovem estudante assassinado. Existem tribos urbanas que pensam que a morte de um jovem homossexual purificaria a sociedade. Outros simplesmente se cansaram de viver.

Durante uma das sessões do projeto *13 Reasons Why*, foram discutidas as razões pelas quais Hannah Baker, a protagonista do livro, comete suicídio. Isso devido ao escândalo que a adaptação da Netflix causou. Formas de suicídios semelhantes foram replicadas às da personagem em diferentes partes do mundo, mas também se abriu o debate sobre esse tema. Na experiência, mais do que chegar a uma conclusão cheia de esperança como nos velhos decálogos da literatura juvenil, fui desvelando uma curiosa dicotomia: os adolescentes parecem ser politicamente corretos na hora de responder sobre a morte, contudo, por não terem de fingir, muitas vezes descobrem a agressão que podem exercer sobre o outro, até mesmo sendo indolentes. Isso é um exercício sociológico a partir do prazer estético da ficção? Sim, supondo que o romance de Jay Asher sempre acabe sendo questionado pelos próprios jovens diante de sua má qualidade. No entanto, resta o fator que "prende" o leitor – recurso importante das obras publicadas nesses anos –, que os mantém junto ao livro, pertencendo, como parte de uma fofoca de sua comunidade. Talvez a morte também tenha ido se banalizando nesta década, pela necessidade de mostrá-la como estímulo da reação emocional do jovem leitor.

O escritor brasileiro J.P. Cuenca explora a morte a partir de um jogo quase tão biográfico quanto surrealista em seu livro *Descobri que estava morto* (2017). Por meio de uma intimação policial, ele descobre que um cadáver foi registrado com sua certidão de nascimento. O protagonista, narrador e autor, sempre flertando em ser a mesma pessoa, deve mostrar que ainda estão vivos, espaço em que aproveita para contar a situação do Brasil antes dos Jogos Olímpicos de 2016.

Não nos esqueçamos, entretanto, de que o luto é um espaço de confusão, perda e descontrole, mais do que de firmeza. Se alguém próximo de suas idades morre, eles não têm as ferramentas para entender isso. Descobrem que são finitos. Assim, como na imagem do livro *Ponte para Terabítia*, de Katherine Paterson, a morte nem sempre é discutível:

> "Deus... morta... você... Leslie... morta... você...". Continuou correndo até começar a tropeçar, mas mesmo assim ia em frente, com medo de parar, sabendo que enquanto corresse, de alguma maneira, estaria adiando o fato de Leslie estar morta. Dependia dele. Tinha que continuar.[73]

O ambíguo

A geração atual de crianças e jovens enfrenta contínuos debates morais. O bombardeio midiático é claro: não há fato consumado que não tenha uma justificativa lógica. Essa geração não tem agora mais acesso à violência do que em outras épocas da história, mas tem um excesso aparente de liberdade. O que os torna cada vez mais carentes de ferramentas para enfrentar um mundo tão hostil.

Dessa forma, séries norte-americanas de grande sucesso como *CSI* (2000), *Dexter* (2006), *Homeland* (2011) ou *The End of the F *** ing World* (2017) nos relatam as diferentes conciliações da morte. Em cada caso de *CSI*, a morte é vista com precisão científica suficiente para anular a vida do personagem. Em *Dexter*, a vida familiar de um assassino secreto era encarada com simpatia e cumplicidade por seus espectadores. Em *Homeland*, um possível terrorista disfarçado sofria os embates da guerra, justificando, assim, todas as ações mortais a serem tomadas na história. E em *The End of the F***ing World*, um jovem do colégio quer matar uma colega porque sente um verdadeiro instinto assassino, que muda com a proximidade do ato de homicídio.

ALERTA DE *SPOILER* >> Em 2007, o filme *No vale das sombras*, do diretor Paul Haggis, reflete sobre as consequências de eliminar a sensibilidade dos jovens depois de mandá-los para a guerra. Um pai, veterano de guerra, procura seu filho Mike que, após retornar do Iraque, está desaparecido. Apesar de todas as especulações e até acusações racistas sobre os personagens do filme, eles descobrem, para seu espanto, como Mike é morto por seus companheiros de batalhão quando estavam indo comer frango frito. Na história, cheia de frieza por parte desses jovens, o frango frito pesava muito mais do que a morte de um ser humano. O indivíduo, no fim das contas, aprende a se rebelar diante de seus interesses custe o que custar.

Na América Latina, ocorre um fenômeno parecido com o progressivo êxito da narconovela, após o sucesso de *Breaking Bad* nos Estados Unidos.* Esse gênero conta, em horário nobre de canais abertos de televisão, a vida criminosa de pessoas do continente relacionadas ao tráfico de drogas: *El Capo* (2009), com três temporadas nas costas, foi transmitida em mais de 75 países; *A rainha do tráfico* (2011), coproduzida com a Espanha; *Pablo Escobar: El patrón del mal* (2012), inspirada no internacionalmente reconhecido traficante de drogas Pablo Escobar Gaviria; ou *Narcos* (2015), uma das séries de maior sucesso da Netflix, que visita a vida dos grandes narcotraficantes da Colômbia, gerando, além disso, a polêmica campanha publicitária na Puerta de Sol de Madrid: "Ó, Natal branco**", com a foto de Pablo Escobar. Essas abordagens legitimam os discursos da maldade e colocam a morte ou o vandalismo dentro do espectro de um "mal necessário" e, até mesmo, uma possibilidade.

---

* *Breaking Bad* é considerada uma das séries mais importantes da história da televisão. Ela conta a história de um professor de Química do ensino médio que, ao descobrir que está com câncer, decide entrar no mundo da produção e do tráfico de drogas. O personagem principal era tão admirado pelo público que a atriz que interpretava sua esposa, a qual professava valores de retidão nas primeiras temporadas, saía com medo nas ruas pela quantidade de ameaças reais que ela recebia dos fãs [NA].

** Referência à cor da cocaína [NT].

Existem outros discursos mais arriscados, como em *Pico da Neblina* (2019), que retrata, por meio da vida cotidiana de três personagens de diferentes classes sociais, o negócio da maconha em um Brasil que decide legalizá-la. A série, em vez de humanizar quem infringe a lei, busca explorar a falta de alternativas que as pessoas têm para avançar de acordo com sua condição social, deixando uma dúvida moral ao telespectador: vale tudo, até mesmo ir contra a lei, para enfrentar um sistema que não deixa o cidadão progredir? A escritora brasileira Carol Bensimon recebeu o Prêmio Jabuti em 2018 pelo romance *O clube dos jardineiros de fumaça* (2017), no qual também explorava o tema da descriminalização da maconha. Nesse caso, o protagonista trocou o Brasil pelos Estados Unidos nos anos 1960 para ingressar em uma comunidade *hippie*. A autora consegue fazer um retrato original a partir do uso da linguagem, ao mesmo tempo que manifesta o impacto dessa geração como elemento da contracultura.

Recentemente, um caso peculiar ocorreu na Espanha, com a apreensão preventiva, aprovada por um juiz, do livro *Fariña*, de Nacho Carretero, publicado pela Libros KO em 2015, a partir do qual foi produzida uma série de televisão que fala sobre o mundo do narcotráfico na Galiza. O efeito da decisão fez com que o romance, em um único dia, se tornasse o livro mais vendido da plataforma Amazon na Espanha.

Onde está a fronteira entre liberdade e censura hoje?

Nos clubes de leitura, o exercício do ambíguo ocorre com o projeto *El libro que mata*, no qual o assassino diversas vezes acaba sendo um herói. Os jovens, dependendo da idade, veem essa possibilidade como injusta. A questão é: por que não são eles os heróis ou por que todo assassino, não importam as razões, merece um castigo? Elucidar essa fronteira é vital para o desenvolvimento do adolescente enquanto leitor, pois na vida, tal como na ficção, muitas vezes se estabelece uma posição humana como leitor.

A indolência

Diante das diferentes crises, o indivíduo consolida seu olhar egocêntrico e egoísta. Neles reside a fé necessária para resistir. Algumas das personalidades jovens com maior influência social em seu grupo de seguidores são capazes de se comoverem, por meio de suas redes sociais, pela morte de pessoas no terremoto do México. Levantam suas vozes contra os atos de violência registrados contra jovens no Egito, Chile, Bolívia, Brasil, Ucrânia ou Venezuela; mas, em questão de minutos, os *trending topics* no Twitter mudarão e sugerirão uma nova rota de informação. Talvez eles

postem uma nova *selfie* em algum evento de moda.*
Morrer, nesses casos, é um fato tão importante quanto o novo *single*** do Justin Bieber.

Em *Girls* (2012), essa questão foi abordada com muita sabedoria. A personagem de Hannah é uma jovem moradora de Nova York. Ela sofre, desde o início da série, com o abandono financeiro de seus pais. Escritora, tem de entrar à força, e sem muita determinação, no mercado de trabalho, encontrando

---

* Um dos fenômenos de análise e questionamento nos dias de hoje é o uso da *selfie* funerária. O indivíduo pode chegar a gravar a si mesmo no velório, com os arranjos de flores e, até mesmo, ao lado da urna. Atualmente, uma das mais polêmicas é a *selfie* que o presidente dos Estados Unidos, Barack Obama, tirou com a primeira-ministra da Dinamarca no funeral de Nelson Mandela [NA].

** Em uma visita à Casa de Anne Frank, em Amsterdã, o famoso cantor, com 19 anos na época, escreveu em um livro de visitas: "É realmente inspirador poder vir aqui. Ana era uma grande garota. Gostaria que ela tivesse sido uma *belieber*". Esse termo é a forma como as fãs de Bieber se autodenominam. Anne Frank, que morreu aos 15 anos em um campo de extermínio, tinha deixado um registro importante sobre a guerra em seu *Diário*, o qual foi publicado posteriormente. Em 2011, Bieber lançou sua autobiografia intitulada *Justin Bieber: First Step 2 Forever. My Story* [Justin Bieber: Primeiros passos rumo à eternidade. Minha história], em um livro de mais 200 páginas [NA].

uma alternativa que lhe permita dedicar-se exclusivamente ao seu talento. Cheia de ansiedades e vítima da fugacidade de sua geração, ela finalmente vê realizada, na terceira temporada, a possibilidade de publicar seu primeiro livro no formato digital. Mas no episódio quatro dessa mesma temporada, intitulado "*Dead inside*" [Morta por dentro], seu editor morre.

Hannah não sente nada. Não sofre, não lamenta, não padece com a morte de seu editor que, aliás, era relativamente jovem. Sua única preocupação é qual seria o destino da edição de seu livro. Adam, seu namorado, fica furioso com essa indolência e tenta confrontá-la com a dor. Ela tenta sentir algo, mesmo que seja pena, mas, no fim das contas, não lhe resta mais alternativa, a não ser fingir que se importou com aquela perda, por mais que não soubesse como expressar. A morte, nessa mesma temporada, volta a atingi-la quando ela perde a avó. Novamente, não há apego ao outro, mas fé cega em si mesma e naquilo que é vital: suas coisas.

Em um registro igual de frieza, desenvolve-se a personagem Paloma, a inteligente menina de 12 anos que protagoniza *A elegância do ouriço* (2007), um romance de impressionante sucesso editorial na França, traduzido para o espanhol pela Seix Barral. Pouco importava que um editor de literatura para adultos se encarregasse de sua publicação. Tanto leitores adultos quanto adolescentes se apropriaram do livro. Até Begoña Oro o cita algumas vezes em seu romance *Pomelo y limón* (2011) como parte das fascinantes leituras de Edgar, o zelador. O *boom* desse livro reside, em princípio, na surpresa do leitor pela decisão que, desde o início, Paloma toma no romance. Em sua forma cética de ver o mundo e a morte, está condensada grande parte das angústias das novas gerações diante da sensação de não pertencimento com relação à vida:

> Assim, tomei minha decisão. Breve vou sair da infância e, apesar da certeza de que a vida é uma farsa, não creio que conseguirei resistir até o fim. Pensando bem, estamos programados para acreditar no que não existe, porque somos seres vivos que não querem sofrer. Então não vamos gastar todas as nossas forças para nos convencer de que há coisas que valem a pena e de que é por isso que a vida tem um sentido. Por mais que eu seja inteligente, não sei quanto tempo ainda vou conseguir lutar contra essa tendência biológica. Quando entrar na corrida dos adultos, ainda serei capaz de enfrentar o sentimento do absurdo? Não creio. Foi por isso que tomei minha decisão: no fim deste ano letivo, no dia dos meus treze anos, no próximo dia 16 de junho, vou me suicidar. Vejam bem, não penso em fazê-lo com estardalhaço, como se fosse um ato de coragem ou desafio. Aliás,

tenho todo o interesse em que ninguém desconfie de nada. Os adultos têm uma relação histérica com a morte, que toma proporções enormes, eles fazem um escarcéu, quando na verdade é o acontecimento mais banal do mundo.[74]

Essa indiferença do ser humano para com o outro não é nada novo. Após a Segunda Guerra Mundial, o homem ocidental também sentiu um profundo abandono por parte da sociedade. Sua moral não o faz entender o conceito de consciência, nem ele estabelece com clareza as barreiras do bem e do mal. Muito menos conhece o limite da liberdade. Em 1942, Albert Camus retratou essa ligeireza humana em face da morte em seu livro *O estrangeiro*. Meursault, o personagem principal, sem motivo, comete um assassinato absurdo. A frieza de seu ato é sentida nessa descrição precisa dentro do romance:

> O gatilho cedeu, toquei o ventre polido da coronha e foi aí, no barulho ao mesmo tempo seco e ensurdecedor, que tudo começou. Sacudi o suor e o sol. Compreendi que destruíra o equilíbrio do dia, o silêncio excepcional de uma praia onde havia sido feliz. Então atirei quatro vezes ainda num corpo inerte em que as balas se enterravam sem que se desse por isso.[75]

A culpa

Em 2005, é publicado o livro *Tan fuerte, tan cerca* [*Extremely Loud and Incredibly Close*], de Jonathan Safran Foer. Esse *best-seller* estabelece o espaço lúdico da imagem dentro da construção do romance a partir do uso de fotografias. Nele, é contada a história de Oskar Schell, um menino que se sente culpado pela morte de seu pai no atentado contra as Torres Gêmeas. Ele faz um registro próprio de sua vida para saber como alterar as condições que possam trazer seu pai de volta. Nessa obra contundente, o fim abre um espaço de reencontro com a mãe, também em luto, e decide refletir sobre a sua própria responsabilidade dentro de um ato que escapa de suas mãos:

> Li que foi o papel que atiçou o fogo nas torres. Todos os livros, e as fotocópias, e os e-mails impressos, e as fotografias das crianças, e os livros, e as notas das carteiras, e os documentos arquivados... todos eles viraram combustível. Talvez se vivêssemos numa sociedade sem papel, na qual segundo alguns cientistas viveremos em breve, papai ainda estivesse vivo. Talvez eu não deva começar um novo álbum.[76]

Foi, de uma forma pueril, uma descrição da história da humanidade o que alimentou o fogo das Torres

Gêmeas. Oskar perde a fé nesse passado que ele próprio construiu para si em seu álbum. Nas últimas páginas do livro, o leitor se depara com diferentes capturas fotográficas do vídeo que retrata o homem caindo do alto da torre. Oskar faz uma montagem com elas, invertendo a sequência. Começa pelo final para terminar no início do vídeo. Desse modo, reconstrói os acontecimentos dos últimos dias do pai, inclusive como se aquele homem caindo fosse ele. Nas imagens, o leitor encontra esse homem que flutua em direção ao céu, até desaparecer.

Nesse caso, a morte na ficção acabou sendo um ponto de inflexão para o desenvolvimento do personagem criança. O mundo ainda é construído como um espaço complexo, e "a situação infantil é modificada ou invertida pelo processo de amadurecimento e novamente modificada, pelo necessário ajustamento à realidade".[77]

ALERTA DE *SPOILER* >> Na controversa série de televisão britânica para adolescentes, *Skins* (2007),** havia exemplos do tratamento subversivo que o adolescente daria à morte diante das exigências do mundo adulto.

---

* O sucesso dessa série dentro do público jovem fez com que dois livros fossem publicados: *Skins: The Novel* e *Skins Summer Holiday*, narrando a história de outras gerações de jovens que saíram na série [NA].

No episódio final da segunda temporada, intitulado "*Everyone*" [Todo mundo], conta-se o funeral de um de seus personagens: Chris. Seus pais não querem que seus amigos compareçam ao velório porque sempre os consideraram uma péssima influência para o filho. Por esse motivo, Tony e Sid decidem roubar o caixão para se despedirem do corpo do amigo. Nesse gesto desajeitado, revela-se a incapacidade do adolescente de entender a sociedade e suas normas.

Nesse sentido, voltamos ao livro *Nada*, em que a morte é um conceito do qual se deve tirar poder moral para que se possa adquirir uma revalorização em termos do significado das coisas. Em outras palavras, este grupo de adolescentes de 14 anos se nega a perder a fé, como seu companheiro Pierre Anthon, e reúne o "monte de significados" – entre os quais há o cadáver de uma criança, irmão de um deles que havia morrido e que é desenterrado. O leitor verá estupefato seu reflexo em uma sociedade que, ao descobri-los, se divide. Por um lado, ficam horrorizados diante do fato, mas por outro, o da grande maioria, as entidades culturais veem, dentro do galpão, uma joia da arte conceitual que busca explicar o sentido da vida.

Esse triunfo sobre a sociedade de um grupo de adolescentes não lhes dá paz. Ao contrário, sentem um distanciamento na transição para o mundo adulto, juram que não serão como eles, porém é tarde demais, entendem o desassossego de Pierre Anthon perante o mundo. Eles não tinham sequer 15 anos: "Treze. Catorze. Adultos. Mortos".[78]

A angústia

Os autores da literatura que os jovens leem atualmente encontram, no espaço da morte, o eixo de reflexão necessário para sua história. É na morte que desembocam os enredos das histórias. Esse corte radical surge como um recurso de ação dentro da construção da narrativa. É o elemento surpresa que pega o leitor adolescente desprevenido e o confronta com a possibilidade de ser um mortal.

Um dos fenômenos recentes que mais surpreendeu a sociedade é a série televisiva mais assistida da HBO: *Game of Thrones* (2011), inspirada nos livros que compõem a saga *As Crônicas de Gelo e Fogo*, de George R. R. Martin, também *best-sellers*, publicados desde 1996.

Um dos fatores mais relevantes de seu sucesso é que os episódios de estreia da série, apesar de serem difundidos por meio de canais pagos, eram transmitidos ao mesmo tempo em todo o mundo. Leitores, fãs e espectadores se reuniam aos domingos para discutir, pelas redes sociais, as novas dinâmicas de poder que se estabelecem dentro dessa épica que evocava, cada vez menos, os mundos de Tolkien.

ALERTA DE SPOILER ›› No final da primeira temporada, o leitor, juntamente à família Stark, vivencia com horror a inesperada morte de Eddard nas mãos do perverso adolescente Joffrey Baratheon, pertencente à família Lannister. O inesperado assassinato desse personagem na televisão causou uma impressão poderosa, gerando mais seguidores. A morte do personagem, uma figura de segurança, valor e sabedoria, simboliza o mesmo que a morte de Dumbledore na saga *Harry Potter* e o desaparecimento de Gandalf em *O Senhor dos Anéis*.

O mundo de Stark havia sido alterado.* Joffrey torna-se rei aos 13 anos e obriga Sansa Stark, de 14, a ficar ao seu lado. O resto da família, Rickon (5 anos), Bran (10 anos), Arya (11 anos) e Robb (16 anos), devia fugir para salvar suas vidas. Todas as crianças e adolescentes são separados em um longo desencontro, resolvido quase no final.

Dois dos outros personagens que desempenham um papel fundamental na série também em são jovens:

---

* Na terceira temporada da série, o inesperado e violento assassinato de Rob Stark com sua mãe fez com que o título do episódio "*Red Wedding*" [Boda Vermelha] se transformasse em um conceito de televisão reconhecido hoje. Vídeos foram gravados sobre o impacto do público diante dessa reviravolta na história [NA].

Jon Snow, de 17 anos, filho de Eddard Stark com outra mulher; e Daenerys Targaryen, de 16 anos. Esta busca recuperar o poder tirado de sua família, descobrindo sua conexão com os dragões e a piedade pelos mais desfavorecidos. Para ela, a morte, mais do que uma estratégia para chegar ao trono, é uma questão de justiça.* Com eles, o espectador levanta questões fundamentais sobre sua posição diante do poder e, até mesmo, diante da morte. Assim como supera o horror, também pode superar o desejo.

O autor estrutura maquiavelicamente um discurso sobre a violência e a ambição. Então, em teoria, a morte se justifica dentro da história como consequência natural das decisões dos personagens. Em outras palavras, "não se acredita mais que a sociedade seja um árbitro das tentativas e erros dos seres humanos – um árbitro severo e intransigente, por vezes rígido e impiedoso, mas de quem se espera ser justo e de princípios".[79] **

---

* O autor da saga, George R. R. Martin, publicou uma carta agressiva aos telespectadores, na qual justifica seus motivos para matar os personagens. Escondido atrás da figura de Shakespeare, demonstrou que cada um de seus assassinatos tinha uma razão moral e dramática dentro da história [NA].

** Obras clássicas, como *Memórias póstumas de Brás Cubas*, de Machado de Assis, publicadas em forma de folhetim em 1880, abordavam com ousadia o tema da morte, não apenas

Nos clubes de leitura, o *Proyecto Eva* leva os jovens a essa angústia: são árbitros de uma sociedade que parece se dissolver. Angustiam-se por ter de defender normas que ultrapassam seus princípios básicos, entretanto começam a tatear caminhos alternativos: e se instituíssemos o Grande Irmão nas casas? E se deixássemos que parte da equipe morra para melhorar as condições de educação? E se injetarmos SOMA e procurarmos viver mais felizes, sem emoções, como em um videogame? As angústias para sobreviver os leva a contemplar reflexões que, ao serem ouvidas friamente, os horrorizam. No meio do nada, sente-se falta daquela pessoa que acreditávamos ser. Assim como Beatriz Helena Robledo descreve em seu livro *Flores blancas para papá*:

> Esses dias me senti estranha. Como se estivesse sozinha na vida, e isso me dá tontura. Como se eu não tivesse onde me segurar [...]. Às vezes, acho que

---

como argumento, mas como parte da construção de sua obra. A leitura compartilhada desse livro com os adolescentes, a partir de sua complexidade, convida-nos a ver a morte e a sociedade de um ponto de vista diferente. Sua dedicatória, cheia de humor ácido, abre caminho para as reflexões disparatadas de seu falecido narrador: "Ao verme que primeiro roeu as frias carnes do meu cadáver dedico com saudosa lembrança estas memórias póstumas" [NA].

quando falam que crescer dói, é verdade. E não só os ossos doem, mas também a alma. É como se algo estivesse sendo perdido, escapasse entre os dedos como um fio de água e nada pudesse ser feito.[80]

(In)segurança

O adolescente, ao não se sentir seguro como membro da sociedade, encontra espaços de identificação em distopias. Eles não pertencem, existem. O *best-seller Jogos vorazes* (2008) leva o leitor a um mundo alternativo pós-apocalíptico.

No argumento dessa trilogia, há uma advertência perversa por parte da Capital para os outros 12 distritos da nação. Por meio da colheita, uma criança ou adolescente, homem ou mulher, é selecionado aleatoriamente a cada ano para uma competição transmitida ao vivo. Os escolhidos vão para um terreno programado para que apenas o mais forte possa sobreviver. Katniss Everdeen, personagem principal e narradora em primeira pessoa da saga, decide sacrificar-se naquele ano para que sua irmã mais nova, Prim, que acabara de ser selecionada, não vá para a arena de combate.

A morte é uma certeza, mas também é um espaço de entretenimento e, ao mesmo tempo, de submissão.

Ver o outro morrer impede que eles queiram se rebelar contra o poder que os controla. Katniss, no entanto, tenta entender as razões do jogo e, inesperadamente, vai se transformando na imagem da rebeldia nos demais distritos. O gesto que a torna heroína está precisamente ligado à morte.

ALERTA DE *SPOILER* >> Nesse grupo de lutadores está Rue,* uma garota de outro distrito, que faz Katniss lembrar um pouco de Prim. A injustiça de ser uma menina que deve matar ou morrer as torna cúmplices. Decidem ao menos serem aliadas até que precisem se enfrentar no final. Mas essa possibilidade não chega – Rue morre. E antes que o helicóptero apareça para recolher o cadáver da arena, Katniss honra seu corpo. Veste-o com flores e canta-se para ele. Esse gesto de humanidade, totalmente inesperado pelo distrito ao

---

* Os leitores da saga desencadearam uma forte polêmica antes da seleção do *casting* do filme. Ao saberem que a personagem de Rue seria interpretada por uma atriz negra, um deles publicou no Twitter: "Por que Rue tem que ser negra? Não vou mentir, estragou o filme". Essa afirmação, tomada por muitos como racista, foi apoiada por outros fãs decepcionados com a diferença que começava a ocorrer entre a ficção relatada no livro e sua adaptação para o cinema. Em 2019, a mesma polêmica voltou a ocorrer devido ao surto racista de um grupo de fãs nas redes sociais pela escolha da atriz negra Halle Bailey para interpretar Ariel na versão *live action* do filme *A pequena sereia*, da Disney [NA].

qual Rue pertence, é transmitido ao vivo. O povo começa a assimilar que a morte não é um espetáculo, mas um ato de ódio. A população dos distritos, então, finalmente decide lutar por uma morte digna.

Enfrentar a perda da vida como uma possibilidade, mesmo sob condições em que a violência é o discurso, convida a se refletir sobre o papel que o indivíduo desempenha no mundo. No verdadeiro caos narrado em 2010 por Vicente Muñoz Puelles em *La guerra de Amaya*, o leitor adolescente é introduzido nessa experiência. Sendo apenas uma criança, Amaya começa a viver a revolução de 1934 nas Astúrias, acontecimento que antecede a Guerra Civil Espanhola. Em uma de suas caminhadas ao voltar para casa, ela encontra pela primeira vez uma pessoa morta. A reação de piedade que tem diante do corpo invoca a necessidade de dar à morte, novamente, sua presença no humano, mais do que no cotidiano e no banal:

> Teria gostado de fazer algo por ele, mas o quê? Ocorreu-me memorizar suas feições, antes que alguém o pegasse e o levasse embora. Minhas pernas ainda tremiam quando me ajoelhei ao lado dele, procurando evitar a poça viscosa. Olhei-o por um tempo, quer dizer, fiquei olhando para seus olhos esbugalhados, até que soaram novos disparos, e acabei dando um beijo rápido em sua testa gelada.[81]

A seus pais, ela decidiu não contar:

Tinha de ser um segredo entre mim e o morto. Sentada no meu quarto, tentei desenhar o rosto dele, mas não consegui. Tinham se passado apenas vinte minutos e eu já havia esquecido seus principais traços, exceto os olhos, que pareciam flutuar ali por onde os meus pousavam. Depois disso me sentia diferente, eu era outra Amaya.[82]

Renascer

ALERTA DE SPOILER ›› O ato de morrer, por mais que seja uma metáfora literária, é injusto. Suas consequências são irreversíveis: no livro *A culpa é das estrelas* (2012), dois jovens pacientes de câncer se apaixonam, com um desfecho fatídico; ou o hediondo assassinato de *No comas renacuajos* (2008), livro colombiano em que uma criança, por ser o irmão mais velho, não tem mais alternativa para enfrentar a fome a não ser assassinar todos os seus irmãos mais novos para, por fim, ele mesmo morrer. Em cada um desses dois livros, fica a esperança de que um dos personagens, apesar do trauma, preserve a vida.

Em *A saga dos Confins,* a morte é uma personagem com vida que chega às Terras Férteis para cumprir sua missão. Filha do Ódio Eterno, ela se depara com uma cultura da morte totalmente diferente da destruição com a qual estava acostumada na Europa. É a partir da palavra como gesto que o encontro com a morte se dá de modo diferente:

> Venha, Wilkillén, sente-se ao meu lado – o Velho Kush lhe dissera. Vou lhe falar de alguém que, a partir desta noite, será minha irmã e companheira eterna. Não se assuste ao ouvir o nome dela; nem a culpe por fazer o que é necessário. Você conhece alguém que goste de comer maçãs que ficam anos a fio penduradas nas árvores? Eu também não. E diga-me, como nasceriam novas maçãs se as que já fizeram o seu trabalho não deixassem espaço nos galhos? Você e eu poderíamos ser velhas ao mesmo tempo? Quem ensinaria a quem? A irmã morte carrega uma tarefa que todos compreendem, mas poucos perdoam. Sem ela, não haveria suspiro nem desejo. Sem ela, ninguém neste mundo se preocuparia em ser feliz.[83]

O amor

Nem todos os sentimentos são de perda e confusão. O vazio não está ali de forma constante, encontram-se ainda colunas ligadas à ilusão do futuro. Há o amor, visto não só como sentimento romântico ou explosão hormonal, mas como cumplicidade entre amigos. Como Juan Farias anunciava, sem amor não há homem. Nem mulher.

De um lado, existe a descoberta da sensação de amar romanticamente, com uma ideia de que esperamos estar cada vez mais distante das ficções ultrapassadas das princesas da Disney; de outro, o desejo sexual como possibilidade de explorar o corpo, também confrontado pelo violento discurso da pornografia, ao qual se tem livre acesso.

No entanto, com o amor se abarca tanto a ideia de duas pessoas juntas quanto o reconhecimento da identidade sexual nesse trânsito do corpo. O desejo é visitado, descoberto e, explorado, além de colaborar na maneira de construir a própria identidade. Assim como a ideia do "homem macho" vai sendo demonizada publicamente, mesmo que com pouca contundência, a mulher vai administrando a possibilidade da igualdade no mundo. É uma tarefa difícil quando o discurso das músicas de verão é transmitido por jovens figuras do *showbiz*, com letras aplicadas à sexualidade irresponsável, ao menosprezo da figura feminina, às drogas, à moral ambígua e à violência. O *hip-hop*, o *reggaeton* ou o *trap* – um subgênero da música urbana que serve de ponto entre os dois – se empoderaram no mercado por seus ritmos pegajosos e danças erotizantes. Nesse caso, a gíria latina não é questionada na Espanha como nos livros, mas apreendida e aderida como parte de um discurso marginal e rebelde.

O problema, porém, não reside apenas na existência desses gêneros musicais ou na falta de literatura em suas letras. Tampouco a solução está na censura arbitrária dos espaços públicos, uma vez que esta só atrai mais os jovens por seu caráter proibitivo. É necessário entender o que está por trás das letras para pluralizar o mercado latino, com suas gírias, dentro do mercado europeu. Em que essa forma desordenada do desejo os empodera? Como criar pontes para outros gêneros ou formas musicais?

A balada, o pop e o rock também fazem parte do imaginário musical dos jovens. Neles vislumbramos o primeiro encontro com o espaço poético, a necessidade de dançar como um alívio em que a estridência anárquica do som se liga com parte das emoções e percepções que eles têm do mundo: a revolução hormonal, a insatisfação com o caos social, a necessidade de entender a rua como espaço vital ou o discurso amoroso. As canções são ficções e formas de leitura muito mais plurais em que se permite um diálogo aberto, uma forma de descobrir o mundo. Basta fazer do livro um formato igualmente democrático, sem preconceitos, para a construção da identidade adolescente.

No livro *nuncaseolvida* (2019), escrito por Alejandra Algorta e ilustrado por Iván Rickenmann, o protagonista Fabio descobre, a partir do trauma, que o esquecimento pode englobar muitas coisas; mas às vezes escapa a imensidão de uma cidade como Bogotá, de um endereço aprendido ou do vínculo que temos com a música. Como é o caso da mãe dele, que não deixa de ouvir *bachata** enquanto amassa o pão. Já adulta, ela ama o cantor Romeo Santos com um desejo de fã, e ele sabe disso.

A música, de fato, sempre se traduz em liberdade. Não é à toa que muitos estudos sobre a doença de Alzheimer evidenciam que a memória musical é a última a ser perdida pelo ser humano. Nascemos com música, canções de ninar e cantos improvisados e crescemos com isso. Podem ser exploradas performances musicais de sucesso, como o Sistema Nacional de Orquestras na Venezuela, uma ação social que conta com 120 orquestras juvenis e tem gerado grandes figuras bem-sucedidas na música clássica, como Gustavo Dudamel.**

---

* Ritmo musical e uma dança originada da República Dominicana na década de 1960. Considera-se um híbrido do bolero com outras influências musicais, como o chá-chá-chá e o tango [NT].

** Maestro e violinista venezuelano. Atualmente, é o maestro

Embora também possamos ver, por outro ângulo, o alcance de Bad Bunny em 2020 com seu álbum YHLQMDLG (*Yo Hago Lo Que Me Da La Gana* [Eu faço o que tiver vontade]), que, sem promoção ou shows, acabou sendo o álbum mais ouvido daquele ano. Além disso, o cantor foi precursor de um show ao vivo pelas ruas de Nova York, em cima de um caminhão, durante a quarentena, realizado principalmente em espanhol. A conquista latina do *mainstream** que precede a apresentação do espetáculo do intervalo do Super Bowl, no qual Shakira e Jennifer Lopez dançaram *champeta*** e salsa em um dos momentos de maior audiência da televisão estadunidense.

Por sua vez, a cantora barbadiana Rihanna, há alguns anos, desenha roupas íntimas de diversos tamanhos, para diferentes corpos, com campanhas que incluem desfiles que são shows: Savage x Fenty. Neles, ela busca quebrar o cânone das modelos incluindo

---

principal da Orquestra Sinfônica de Gotemburgo, Suécia, e diretor musical da Orquestra Filarmônica de Los Angeles, EUA [NT].

* Conceito que está principalmente ligado à moda dominante que marca as tendências, gostos ou preferências predominantes em um determinado momento na sociedade [NA].

** Gênero musical urbano da região do Caribe, na Colômbia, de origem africana [NT].

cantores de diferentes gêneros: Lizzo, uma cantora pop obesa, pode modelar, assim como as *drag queens* do programa RuPaul – *reality show* com 13 temporadas e réplicas em vários países, que promove a cultura *drag*. Esse impacto da inclusão fez com que, no Brasil, nascesse o programa *Nasce uma rainha* (2020), animado por Alexia Twister e Gloria Groove. Nesse caso, distanciam-se da proposta de uma competição e buscam criar um reforço positivo na transformação das pessoas que desejam encontrar seu personagem *drag*. É mais um exercício de autoestima, na medida em que elaboram uma apresentação musical que os represente com essa identidade.

Atualmente, existem outras séries de documentários sobre o impacto da música latina. De um lado, há o irregular *Quebra tudo* (2020), que busca explorar a história do rock em espanhol, por meio dos grupos de sucesso do produtor Gustavo Santaolalla; do outro, *Anitta – Made in Honório* (2020), uma série que acompanha a artista durante as turnês e a gravação de videoclipes. Neste último caso, ela compartilha sua vida familiar e uma confissão íntima, o que confirma que a cantora brasileira é uma das mais procuradas do momento. Ela representa, para os jovens, um exemplo de sucesso, trabalho e empoderamento.

No filme espanhol *La llamada* – citado anteriormente – as duas protagonistas, María e Susana, integram um grupo de música electro-latina chamado Suma Latina. O lema que as acompanha é *"Lo hacemos y ya vemos"* [Fazemos e depois vemos]. Porque essa música que, enfim, as aproxima da imagem de Deus, é uma forma de ser que nada tem a ver com o desejo. Representar-se dessa forma tão sexual é uma maneira de se acreditarem livres e empoderadas. Elas fazem tudo sem pensar nas consequências e depois resolvem. Essa ideia irresponsável de "imortalidade" adolescente é reforçada no livro *Algo pasa en La Quinta San Roque*, de María Inés McCormick, publicado em 2017:

> – Era só o que faltava! Agora a culpa é da biologia!
> – Em parte, sim – acrescentou, desenhando um esquema. Na adolescência, o córtex frontal, a área que controla o raciocínio, não está totalmente desenvolvido. Os jovens estão sob a influência da amígdala, região responsável pelas reações impulsivas. É por isso que eles acreditam ser invencíveis e invulneráveis ao risco.
> – Você não está pretendendo que digamos aos pais que, se eles tiverem um problema, que vão reclamar com o cérebro de seus filhos![84]

Essa impulsividade adolescente dialoga com a necessidade de encontrar ficções originais, que falem sobre o mundo fora do *status quo*. É por essa razão que as formas de amor, no fundo batidas e estereotipadas, são contadas com um argumento aparentemente original e criam a sensação de "prender" o leitor. As histórias de amor, na ficção juvenil, vêm acompanhadas por um desejo silencioso, que não tem nome, porque na literatura para jovens não existe sexo – como se apontou em um clube de leitura. Nesse ponto, vale ressaltar uma das sagas que mais sucessos teve no início do século. A publicação do livro *Crepúsculo*, de Stephenie Meyer, em 2007, cobria a orfandade deixada por *Harry Potter e as Relíquias da Morte*, último livro da saga publicada em espanhol em 2008.

Edward Cullen, um jovem vampiro atormentado, apaixonava-se por Bella Swan, uma humana, a quem ele era incapaz de tocar porque seu impulso o obrigaria a mordê-la. A história de amor entre os dois vagava entre o desejo reprimido e a necessidade de proteção de um *bad boy*, pois o estereótipo diz que um homem potencialmente obscuro é mais sedutor. Não em vão, *A tres metros sobre el cielo*, um livro de sucesso de Federico Moccia, consegue tornar sedutor o personagem Step, um menino com problemas de violência, que adora motos e seu grupo de amigos. Babi, uma adolescente de um colégio de freiras, é seduzida por esse jovem que a faz transgredir seus limites e sentir-se desejada. É uma história de amor que parece impossível, mas que desperta no leitor a necessidade de fazê-los ficarem juntos. A identificação parte da emoção mais primitiva, mesmo acima do aspecto literário, pois a qualidade da história é bem mais baixa. Sua funcionalidade, folhetinesca, consegue prender o leitor.

O curioso, no caso de A tres metros sobre el cielo, é que sua primeira publicação foi uma edição própria do autor em 1992. O romance foi fotocopiado incansavelmente pelos jovens, até que, em 2004, uma editora comprou os direitos, fazendo dele um sucesso em vendas. Esse fenômeno da fotocópia e da leitura por capítulos de maneira compartilhada aconteceu também na Venezuela com o livro *A culpa é das estrelas*, de John Green, que, em 2012, não chegava nas livrarias do país em decorrência da crise econômica. As redes sociais não paravam de relatar a repercussão do livro em outros lugares: eram dois adolescentes com câncer, e o menino, que realmente é quem está doente, dá esperança à protagonista assim como o desejo de lutar contra a enfermidade, à qual ela vê de forma cética. O amor, diante do olhar crédulo e distraído da suspeita, pode salvar, curar e sanar. É interessante que um dos acontecimentos dessa história seja que ela consegue conhecer seu autor de literatura preferido, o qual se revelará um adulto infeliz, déspota e inescrupuloso. Nesse caso, então, novamente o mundo do livro da literatura juvenil é violado: os adultos representam um obstáculo no modo de vivenciar seu trânsito? É questionável o fato de que, diante da necessidade de ler, eles decidirem baixar o livro de forma pirateada, imprimi-lo e compartilhá-lo? Onde fica o limite entre o promotor de leitura e o negócio do livro como comércio?

No livro *Bonsai* (2005), de Christine Nöstlinger, é proposta a necessidade de deixar claros os pontos de vista na sociedade, embora, no fim das contas, eles sejam rejeitados:

> – Se você disser "na realidade" mais uma vez, vou explodir! Entenda de uma vez: você tem a sua realidade, eu tenho a minha, aquele desgraçado tem a dele. Todo mundo constrói algo que considera depois da realidade, mas a realidade que é tomada são meras construções, com o mesmo valor de um peido na floresta.[85]

O episódio cinco da primeira temporada da série animada *Big Mouth*, da Netflix, chama-se *"Garotas também sentem tesão"*. Nele, as mulheres, adolescentes e adultas ficam presas num livro chamado *The Rock of Gibraltar* [O Rochedo de Gibraltar], em que um centauro se apaixona por uma garota. A impossibilidade de os dois personagens ficarem juntos gera uma sensualidade inusitada nas leitoras que faz com que, em resposta, a cabeça dos meninos adolescentes exploda ao descobrirem que as mulheres também têm desejos e fantasias sexuais.

A escritora brasileira Tatiana Salem Levy, em seu livro *Dois rios* (2012), gera o encontro de uma mulher que irá transformar a vida de dois irmãos: Joana e Antônio. Entre o Brasil e a França, é criada uma órbita na qual desejo e desencontro vão na mesma corrente. A personagem se enuncia como uma avalanche sedutora, capaz de confrontar a realidade familiar.

Essas formas de entender a sexualidade e o amor, cada vez mais à vista, colocam em causa a questão do gênero.* Não só diante da evidente desigualdade das

---

* Para esta seção, recomendo três livros que exploram o amor de diferentes maneiras: 1. *Americanah*, de Chimamanda Ngozi Adichie (Cia das Letras, 2014), que narra a história de amor da blogueira Ifemelu com Obinze em três tempos – da adolescência à idade adulta, em constante tensão com sua identidade cultural e temas como a migração e a importância da raça; 2. *Mary John*, de Ana Pessoa (SESI-SP, 2018), no qual a protagonista escreve uma longa carta para seu amor de infância antes de se mudar e, em suas próprias palavras, empodera-se como mulher em relação a seu corpo e imagem. Um romance de amor muito mais simples, que explora a sexualidade e as dúvidas próprias da adolescência; 3. *Le cœur en braille*, de Pascal Ruter (Livre de Poche Jeunesse, 2017), livro que narra a angústia de Victor, um jovem que se apaixona por uma menina com uma doença degene-

mulheres em relação aos homens e sua vulnerabilidade apesar da luta constante pela igualdade, mas também pela aparente liberdade e progresso que pessoas de orientação sexual diversa e grupos LGTB alcançaram na sociedade atual. O despertar sexual, a busca do reconhecimento de si mesmo, a exploração do erotismo e dialogar de forma tolerante continuam sendo uma meta muito difícil enquanto a sociedade continuar se vinculando ao outro a partir do "respeito que ignora", e não da compreensão e reconhecimento. Não é por acaso que, nessa mesma sociedade, o filme brasileiro *Hoje eu quero voltar sozinho*, o qual conta a história de amor de um adolescente cego com um amigo de colégio, tenha sido premiado no Festival de Cinema de Berlim em 2014; que, em 2016, *Moonlight*, história de amor homossexual de dois personagens negros marginalizados na Flórida, tenha ganhado [o Oscar] como melhor filme na Academia dos Estados Unidos; e que, no ano seguinte, tenham nomeado [ao Oscar] *Me chame pelo seu nome*, o qual fala sobre o despertar sexual de um adolescente ao conhecer um homem mais velho na Chechênia, país

---

rativa que pode alterar seu futuro. No caso desta história, descobrimos um personagem masculino sensível, capaz de se apaixonar e enfrentar seus sentimentos a partir de sua essência de "menino mediano" e amante de xadrez [NA].

onde existiam campos de concentração de tortura para homossexuais. É assim que discursivamente, na ficção, formas de protesto e representação são criadas, porém parecem ser apenas aparência e suposições. Continuamos presumindo que o mundo avança; contudo, os adolescentes, os quais buscam fazer um pacto com o mundo adulto, percebem o contrário.

Por último, existe a amizade. De um lado, há a ideia do "amigo" que é quase tão importante quanto a família e parte fundamental do desenvolvimento social do adolescente. Em muitas das ficções dirigidas aos jovens, sua presença é imperativa: eles são agentes de mudança e pessoas de apoio. Do outro, as novas gerações são mais próximas do individualismo, de modo que a experiência das redes sociais consegue criar um compromisso mais frágil com o próximo.

É verdade que o efeito das redes sociais e das comunidades de leitura cria uma oportunidade de diálogo com desconhecidos ou pessoas com quem, em circunstâncias passadas, você teria perdido o contato com o passar do tempo.* E essa ampliação das pos-

---

* Isso inclui cantores, bandas ou atores que interpretem seus personagens favoritos no cinema ou na televisão, além de blogueiros, twitteiros e, até mesmo, autores de sagas da moda. Esse vínculo com o autor rentabiliza as vendas de seus livros como se ele fosse uma figura do *showbiz* [NA].

sibilidades de interações sociais reverbera na forma como nos comunicamos hoje. O uso da linguagem durante o diálogo foi reduzido à mínima expressão graças à cultura da imagem. Os *gifs, emojis* ou *memes* costumam responder imediatamente às solicitações do outro em uma conversa e se conectam com ideias que estão subentendidas na cultura atual dos adolescentes, quase sempre relacionadas ao humor. Isso, ao contrário do que muitos acreditam, não é um sinal do apocalipse da linguagem; pelo contrário, é uma forma diversa de comunicação, um tanto primitiva, mas universal. Ela se sobrepõe à barreira idiomática, porém não deixa de representar um desafio na decodificação de suas mensagens.

A sensação de ser impulsivo por pertencer a um grupo ou a uma comunidade gera segurança bem como a possibilidade de um diálogo pertinente sobre os temas que fazem parte de seu cotidiano. Os livros recomendados entre eles conseguem estabelecer laços que rompem com a necessidade forçada de manter a individualidade como única bandeira. Mas também os videogames, as séries, os filmes, os aplicativos ou as músicas. **Os adolescentes são como uma tribo de iguais, na qual eles não têm outro remédio senão contar uns com os outros, confrontar-se e compartilhar o que está acontecendo com eles. Com sorte, o que acontece com um, acontecerá com o outro.**

Identidade

*A vida está cheia de contradições. "Seja você mesmo",
dizem professores, livros sobre comportamento e saúde, e
até as propagandas da Coca-Cola. "Você tem que
ter personalidade", dizem minhas primas, o que acaba,
em outras palavras, dando na mesma. Mas se sou do
jeito que sou, não me encaixo. É simples assim: continuo
me sentindo como uma estranha no ninho. Nada a ver
com ninguém.*

REYES, YOLANDA. *LOS AÑOS TERRIBLES*. BOGOTÁ: NORMA S A
EDITORIAL, 2001.

Meu pai, depois de emigrar de Portugal, adquiriu na Venezuela três curiosas tradições que ele carrega desde a adolescência e que são bastante alheias à sua essência europeia: oferecer maçãs a María Lionza,*

---

* María Lionza é a figura central em um dos novos movimentos religiosos mais difundidos na Venezuela. Seu culto é uma mistura de crenças africanas, indígenas e católicas.

figura indígena que se relaciona mais com a *santería*,*
mas que ele considera com devoção católica; ouvir
rancheras mexicanas,** que o fazem lembrar de seus
pais, em dezembro; e ser torcedor fanático dos Tiburones de La Guaira, um time de beisebol que tende
ao fracasso, cuja torcida fanática, entretanto, apoia
com fé cega, como o personagem do conto de Almudena Grandes com o Atlético de Madrid. Porém, essa
última tradição fez parte de nossa arquitetura do lar:
seus filhos e netos torcem pelo time.

Um dia, nosso pai nos revelou que, ao chegar à
Venezuela, haviam sido os jogadores do time daquela

Ela é reverenciada como uma deusa da natureza, amor, paz
e harmonia e tem seguidores em toda a sociedade venezuelana [NT].

* Culto característico dos afro-cubanos, cujos ancestrais
foram escravizados durante o período colonial. Faz parte do
grupo de religiões afro-americanas, e suas crenças derivam
diretamente da cultura e religião iorubá, que, em Cuba, foram sincretizadas com o cristianismo católico implantado
pela monarquia hispânica [NT].

** Gênero musical popular e folclórico da música mexicana,
amplamente ligado aos *mariachis*, mas executado em qualquer formato de música regional no país. Em suas letras,
predominaram histórias populares relacionadas à Revolução
Mexicana, vida camponesa e família tal como a cavalos, bares,
cantinas e tragédias amorosas [NT].

época que tinham lhe estendido a mão num momento difícil. A construção da paisagem ficcional de meu pai cede lugar a um mundo social em construção. **Na incerteza e na dúvida, o adolescente procura recolher os fragmentos de sua individualidade a partir das histórias sociais de outras pessoas: familiares, amigos, professores, figuras de admiração.**

Os fragmentos

Nos dias atuais, o conceito de identidade é assolado por discussões e conceitualizações que desviam seu significado para a questão da nacionalidade ou do lugar de origem. Meredith Haaf assinala, incluindo-se como jovem, que ninguém quer ser o que realmente é, contudo, se não restar alternativa, "preferimos ser sós com quem compartilha todas e cada uma das características que nos definem".[86]

Essa fragmentação do indivíduo o torna, ironicamente, um ser social. Mas, ao mesmo tempo, a liberdade de pegar aspectos de cada uma das culturas ou padrões de comportamento que definem o sujeito é um risco. Bauman conclui que o desejo de liberdade e a necessidade de segurança são dois conceitos que operam em contraposição junto ao medo da solidão e da incapacitação.[87]

O jovem, dentro do aparato que a máquina da sociedade presume, vê no efêmero um grande inimigo, ainda que viver dentro da cultura do imediatismo lhe permita também adquirir valores que o façam sobreviver. O que para alguns é exaustivo, para eles é uma renovação perene. As novas tendências têm uma data de vencimento antecipada.

> A busca pelo que é próprio, que também nos é desconhecido e em que encontramos as vozes dos outros, a própria voz que se torna coletiva e a voz de muitos convertida em sua própria voz.[88]

Sem ir mais longe, o mercado editorial tem se envolvido nessa necessidade de suprir com modas seus modelos mais recentes para não perder sua validade entre os leitores. Um livro que está nas prateleiras hoje será, daqui a um ano ou mais, alterado por uma nova leitura que aponte para uma nova temática ou forma. Um adolescente, propenso a esse ataque comercial, deve ter força para defender o gosto por algum desses livros que logo saem de moda, mesmo quando tem a capacidade (quem sabe tempo) de ler os próximos *best-sellers*. Essa dinâmica ainda lhes possibilitou apropriarem-se do produto com incidências comerciais de grande importância, sobretudo nas adaptações cinematográficas, tão em voga na atualidade.

Basta ressaltar o fato de que a crítica puniu com indiferença os filmes inspirados nos primeiros livros da saga *Os instrumentos mortais* [*Shadowhunters*] (2007). Apesar do sucesso na venda de livros, a adaptação ruim conseguiu que interrompessem a produção das sequências, devido ao fracasso de bilheteria. Obviamente, tratava-se de uma questão econômica e de poder que escapa das mãos, certamente, de um grande número de leitores, mas essa aparente independência dos fãs com relação às grandes produtoras lhes confere a ilusão de poder. Elas fazem do *mainstream* um valor agregado e relevante para a comunidade adolescente perante o resto da sociedade. Acreditam que têm direito sobre essas obras de massa, embora ainda sintam que pertencem a esse espaço social. Um dos casos mais curiosos foi quando, depois do lançamento do filme *Crepúsculo* na Venezuela, a Alfaguara decidiu publicar a nova edição do primeiro livro com o cartaz dos protagonistas na capa. Os jovens leitores chegaram às portas da editora para protestar contra a mudança. Queriam a original, na qual víamos braços brancos segurando uma maçã vermelha, referência direta, aliás, a *Branca de Neve*. Essa alteração de capa fazia com que o livro como objeto perdesse seu valor e identidade em conjunto com os outros três livros publicados da saga, cujas capas continuaram tendo o jogo com o vermelho, o branco e o preto em um laço, uma flor e algumas peças de xadrez.

Então, seguindo a proposta Bauman: "A ideia de 'identidade' nasceu da crise do pertencimento e do esforço que esta desencadeou no sentido de transpor a brecha entre o 'deve' e o 'é'".[89] Os jovens, na atualidade, continuam a enfrentar esse abismo enquanto constroem, a partir dos fragmentos, uma identidade própria que anseiam ser original e única. O risco que acreditam estar correndo, assim como acontece com as ideias deste livro, é que os tempos modernos, com suas mudanças sempre violentas, obrigue-nos a aprender com o novo e a nos reinventarmos. Deixando a falsa sensação de que o que era não funciona mais para a sociedade. Hoje é muito difícil, para jovens e adultos, entender que a identidade muda, mas não prescreve, por mais que o mundo vire de cabeça para baixo.

As âncoras sociais

Se a globalização anda de mãos dadas com as diversas crises sociais que vêm se desencadeando no mundo, o indivíduo, por fim, perderá suas "âncoras sociais". A vida não é como seus pais a conceberam nem como se encontra na história e o futuro: mais do que uma certeza, é uma esperança de que as coisas tenham um enredo diferente.

Não existem garantias, eles têm de se reinventar, dar um nome para si, se apegar a um "nós", porém sem perder o "eu". Não é apenas a identidade que está em jogo, mas também o valor de ser diferente do resto na sociedade *voyeurista*. Um mundo, então, de competições:

> Em 1994, um cartaz espalhado pelas ruas de Berlim ridicularizava a lealdade a estruturas que não eram mais capazes de conter as realidades do mundo: "Seu Cristo é judeu. Seu carro é japonês. Sua pizza é italiana. Sua democracia, grega. Seu café, brasileiro. Seu feriado, turco. Seus algarismos, arábicos. Suas letras, latinas. Só o seu vizinho é estrangeiro".[90]

A sociedade está se transformando de forma vertiginosa. Politicamente, na América Latina, nos Estados Unidos e na Europa, os movimentos de esquerda são propostos e expandem – alguns de forma fracassada –, os quais se posicionam diante das ideias de uma perigosa extrema direita que, cada vez mais, ganha terreno. A ideia da União Europeia se fortalece no âmbito da crise crescente; entretanto, o Brexit* faz com que a

---

* A saída do Reino Unido da União Europeia foi apelidada

Inglaterra se torne independente. Somam-se a isso, então, atentados terroristas (ou mostras de fé) misturados a tragédias naturais – de *tsunamis* a terremotos – como parte do cotidiano, que vemos como espectadores diante dos olhos de outros que compartilham esses momentos em suas redes sociais. Nos Estados Unidos, massacres de jovens continuam ocorrendo nas escolas; nos países latino-americanos, as possibilidades de justiça social estão cada vez mais radicalizadas; e na Espanha, as crianças atentam contra a integridade de outras crianças no pátio da escola. Os adolescentes, inconformados com a realidade de entrar no mundo adulto, hesitam entre o que querem ser, fazer ou representar. Eles só têm na cabeça a possibilidade de mudar tudo, tal como reflete o personagem do livro *Uma garrafa no mar de Gaza*, de Valérie Zenatti:

> Eu logo me irrito quando penso demais, mas não quero parar de pensar. Minha cabeça é o único lugar onde nem um soldado das Forças de Defesa de Israel, nenhum sujeito do Hamas, nem meu pai nem minha mãe podem entrar. Minha cabeça é minha casa, minha única casa, pequena demais para tudo o que coloco lá dentro.[91]

---

de Brexit, vocábulo em inglês que vem da junção das palavras *British* (britânico) e *exit* (saída) [NT].

Tornar-se

Tornar-se algo, então, faz parte da dinâmica de construção do jovem. A sua forma de se apropriar da cultura hoje, vista com maus olhos diante do desenvolvimento da sociedade do futuro, deve ser tratada a partir de outras perspectivas. Para eles, o final do milênio passado não trouxe consigo grandes conquistas além da infiltração da tecnologia na dinâmica do dia a dia. Deixando claro aí que, para muitos outros, o mundo continua sendo estático e enraizado em uma realidade imóvel de pobreza e desconhecimento desses avanços. Essa desigualdade, porém, coincide com algo: "Eles e elas tentam descobrir o sentido da vida, da própria identidade e da relação com os demais".[92] Procuram, inclusive, nivelar a secreta ansiedade gerada pela moda, pelo culto ao corpo ou pela velocidade das coisas.

Assim, a leitura estabelece a fusão de diferentes modelos narrativos e gera um espaço de pertencimento. Isso faz com que ler seja cada vez mais complexo, mais na forma do que no conteúdo. Nem por isso eles deixam de traçar vias de acesso a conceitos que lhes permitam apropriar-se do mundo que estão conhecendo. Na adolescência, colabora a solidez da própria identidade, de um espaço de poder e segurança em que eles se apoiam uns nos outros, buscando, nessa legitimação de suas obras, um fragmento de voz em meio a um universo tão sonoro.

Recentemente, uma série de televisão catalã chamada *Merlí* propôs um interessante exercício para os telespectadores; uma história juvenil com todos os tópicos próprios do gênero: primeiro amor, drogas, álcool, *bullying*, maternidade precoce, sexualidade... enfocados a partir das diversas teorias propostas pela filosofia. Merlí, personagem principal da série e professor de Filosofia, batizou com o nome de "peripatéticos" um grupo do colégio e, com eles, questionava a sociedade atual, retomando o discurso dos filósofos clássicos e contemporâneos, ressaltando também a importância da arte, da palavra e dos conceitos. Em *Cuando fuimos los peripatéticos* – um dos livros inspirados em *Merlí*, escrito por seu roteirista, Héctor Lozano, e publicado em 2018 –, são resumidas, com muito menos encanto, contundência e talento do que na série, algumas de suas propostas.* Contudo,

---

* Embora *Merlí* tenha tido um desempenho interessante no que se refere à discussão filosófica e sua forma de aproximá-la da adolescência hoje, o mercado editorial produziu desnecessariamente o livro da série, e outro título já havia sido publicado anteriormente: *El libro de Merlí*, que buscava aproximar os jovens do tema com o encanto atual da série. No entanto, para esse complexo, porém vital, tema, é possível

resgato um dos começos de capítulo, em que seu narrador adolescente conta que:

> Amo os filósofos céticos. Eles são os mais *nerds* de todos os filósofos clássicos que conheci. Sua palavra-chave era *epokhé*, a suspensão do julgamento. Estar atento às coisas que acontecem, mas não emitir julgamentos sobre a realidade. Eles se limitavam a observar os fatos e se calarem.[93]

Essa suspensão do julgamento permite ao adolescente compreender a realidade antes de se transformar num adulto dentro dela. Outra das metáforas mais sólidas na construção da identidade adolescente em seu trânsito da infância se encontra no filme *A viagem de Chihiro* (2001). Voltamos a ele para entender a parada que fazem durante a mudança: a menina acaba submersa em um lugar falido que se

---

obter um melhor apoio em *O mundo Sofia*, de Jostein Gaarder (Cia das Letras, 2012) ou na coleção de filosofia visual para crianças "Wonder Ponder", que também funcionam para adolescentes de 12, 13 e 14 anos. Essas sugestões não propõem que o mediador se afaste da fonte. Usar as explicações alegóricas de muitos desses filósofos, como é o caso do Mito da Caverna de Platão, expõe uma proposta simbólica, a qual pode levar a grandes discussões sem a necessidade de material de apoio; basta apenas fazer as perguntas [NA].

ilumina à noite como um mundo sobrenatural ao qual ela não pertence. Perde, além disso, suas raízes mais evidentes diante da transformação de seus pais em porcos, ao serem vítimas da gula. Ela vai desvanecendo, como um espectro, até que Haku, pertencente àquele lugar, a ajuda a não desaparecer. A menina, sem alternativa, se refugia nas águas termais, que são o epicentro econômico da região, e se insere na dinâmica trabalhista. Sem contar que, ademais, a representante do poder dentro de sua área de trabalho, Yubaba, roubaria seu nome e, com isso, a deixaria destituída de sua individualidade. Chihiro, tentando dar continuidade ao seu passado, cria para si uma nova identidade em trânsito, por entender o novo mundo ao qual está submetida:

> No entanto, não importa o quão drasticamente diferentes são os contextos históricos e sociais de *Alice no País das Maravilhas* e *A viagem de Chihiro*, eles têm uma questão importante em comum: isto é, que a puberdade de uma menina é uma grande descontinuidade que pode ser considerada uma espécie de morte e que a única maneira de renascer disso é retomar a continuidade com o passado para reter sua identidade.[94]

— Por que o mundo visto através das histórias parece uma grande casa onde tudo se mistura? É como estar na casa dos seus avós.

ÁLVAREZ, BLANCA. *PALABRAS DE PAN*. ESPAÑA: EDELVIVES, 2005.

Quando meus pais, 40 anos depois, visitaram a ilha da Madeira pela primeira vez desde que haviam emigrado, sentiram-se como forasteiros em sua própria terra. O idioma havia mudado, as normas sociais eram outras. Mais do que se perderem, decidiram compartilhar aquele espaço de vida a partir da lembrança, a mesma que haviam levado na mala e que provinha de um aparente nada, que só se preenchia com histórias e memória. Era a sensação de *saudade*, de sentir falta de um espaço que pertencia à ficção pessoal; assim como o pai do taxista terá visto o mar com olhos diferentes dos de costume, ou seu primo sentira a chuva de uma perspectiva pouco convencional. Talvez por isso os personagens de *Nada* tenham percebido e defendido sua realidade daquela maneira, desorientados diante da perspectiva de Pierre Anthon; ou Bastian estivesse prestes a se perder quando teve de enfrentar uma Fantasia diferente da que havia lido. Muito provavelmente, toda a história dos meus pais, através das minhas lembranças, também seja uma história fabulada, a construção de uma memória fictícia, alheia à verdade.

Lançar mão da história pessoal e histórica visa ver as possibilidades da mudança. O problema reside no fato de que, para essa geração, o passado é relativamente cada vez mais breve, e os acontecimentos tornam-se obsoletos fugazmente. Criar a armação de uma identidade individual neste mundo transforma-se em um processo de vitrine, no qual os "breves do passado" pesam como grandes fardos.[95]

Gerar as conclusões deste estudo não é tarefa fácil, uma vez que nele não se pretende dar uma receita de como os jovens são hoje. Eles, como identidades, são diversos. Entretanto, de alguma forma, os adolescentes de hoje são náufragos. Emigraram da utopia da infância para "pertencer", a despeito de si mesmos, ao redemoinho social que se desenvolve com passos muito maiores que os deles. Idealizar a infância como um espaço no qual, legalmente, tem-se o direito de ser irresponsável leva o adolescente a entender a nostalgia como conceito: perder e se apegar permite-lhes construir sua própria *saudade* ou *"morriña"*. São palavras sem um conceito consolidado, mas que representam a emocionalidade do emigrante.

O adolescente leitor consegue encontrar, nesse trânsito, um espaço de pertencimento. Ele se apropria da ficção e do objeto, mais do que da palavra. Sua leitura é emocional, é um lugar onde alimentar essa memória no meio do nada. Eles, que transitam e devem evoluir, apoderam-se de uma linguagem. Constroem suas identidades nessas formas de contar e, ao mesmo tempo, buscam contar a si mesmos e se reencontrar com suas próprias humanidades. No entanto, existe um sério risco: vermos nosso umbigo e permanecermos nessa ação.

O assunto perigoso hoje é que "às vezes contemplamos o mundo com a resignação de pessoas que viveram o seu próprio mundo. Talvez isso se deva ao fato de que muito poucas vezes percebemos os eventos políticos como experiências".[96] Meredith Haaf aponta como exemplo disso o caso hipotético da queda do Muro de Berlim na atualidade: seriam muito mais pessoas a estar com seus telefones, computadores e televisores vendo a transmissão ao vivo do que se dirigindo ao local para vê-lo sendo derrubado.

Sim, isso é motivo para se alarmar; contudo, os acontecimentos na Espanha, no Egito, na Ucrânia, no

Chile, na Bolívia, na Colômbia e na Venezuela, independentemente de seu êxito político, mostram uma sociedade jovem que ainda se move coletivamente por uma mudança. Embora a palavra "futuro" para eles não esteja associada a oportunidades, mas a termos-chave que deveriam ajudar a sair da crise, elas são sempre pouco alentadoras para a luta de uma causa.[97]

O excesso de referentes obriga o adolescente a sentir nostalgia de um mundo que não para de se transformar. Essa presença constante de referentes sociais que se ausentam de forma agressiva produz uma sensação de vazio. O passado deixa de ser uma pegada na areia, na medida em que a maré se agita com intensidade cada vez maior. Em resposta, os criadores adultos geram novos discursos, elaboram um cruzamento cada vez mais elaborado dos gêneros e retomam, sem dúvida, a leitura como um poder, independentemente do valor que as academias atribuam a determinados livros.

> A memória humana é a síntese cordial que vai nos configurando. Olhemos novamente na etimologia o termo do verbo "recordar", do latim *recordari*, que significa "passar de novo pelo coração". Podemos dizer que graças à memória preservamos os ritmos, as imagens e as histórias que conservam a nossa visão de mundo. A memória pressupõe a capacidade

de todo ser vivo de se deixar modelar, selecionar e recuperar o mais relevante.[98]

Roger Chartier afirma que "a utopização da nostalgia" faz correr o risco de acreditar que todo o passado era melhor. Se bem que, de fato, avaliar as obras literárias à sombra do presente é um risco, pois se categoriza mediante as regras da época. É o tempo que, sem dúvida alguma, é capaz de dar a esses livros seu devido peso.

Apegar-se à nostalgia sem se perder nela leva a uma série de modelos seculares que induzem o adolescente à leitura. Não somente como parte de um sistema de mercado editorial ou de grandes casas produtoras, cadeias de televisão ou companhias telefônicas, mas a partir da apropriação e dos traços que constroem a sua identidade. Hoje, em que a originalidade das propostas ficcionais parece estar em questão, a declaração de um dos mais antigos participantes do clube de leitura de Pumarín Sur, em Gijón, ressoa: "Eles usam a nostalgia como a prostituição de nossa própria memória". Restam-nos os fragmentos desses universos ficcionais, os quais fornecerão o equilíbrio necessário entre a segurança e a liberdade de que eles tanto precisam para enfrentar a idade adulta.

Isso provavelmente confira um reforço ao individualismo, porém, enquanto as comunidades de encontro continuarem a existir, ainda que sejam virtuais, há também uma esperança de recuperar a fé de que o futuro deixará de ser um "conceito-abismo". Nos ritos de transição, dentro da realidade de leitura do adolescente, não tem metáforas possíveis. Resta apenas crescer. São as decisões do indivíduo que dão essa autonomia.

Ler *best-sellers* publicados para adultos é uma dessas decisões. J. M. Barrie, em sua construção de Peter Pan, personagem sempre criança, frisou a importância dessa decisão de renunciar às utopias da infância: "Mas Salomão estava certo, não existe segunda chance, não para a maioria de nós. Quando chegamos até a janela é hora do toque de recolher. As barras de ferro estão lá em definitivo".[99] Resta ao adolescente se inventar e viver, apesar dos livros:

> Aferrar-se à ideia de que a literatura e suas ficções devem conter alguma verdade é continuar lendo como crianças. Ficar decepcionado com o fato de que a literatura nos engana e só nos apresenta mentiras é continuar lendo como adolescentes. O segredo da maioridade é internalizar esse *como se* em que todas as ficções consistem, é a força de vontade necessária para ler as ficções da literatura *como se*, já que – na realidade – não há outra leitura possível. No fim das contas, a maioridade é reconhecer o autêntico valor

do subjuntivo: ser adultos entre nós não é muito mais do que compreender em profundidade a diferença entre os modos do verbo, as potencialidades da palavra.[100]

O que é complexo em meio a esse posicionamento do jovem leitor hoje é fazê-lo entender que eles não perdem a liberdade na presença do adulto. **O papel do mediador de leitura, hoje mais do que nunca, cumpre uma função vital: comparar o seu sentimento de nostalgia com o deles. Dialogar e encontrar, nesse estranhamento, a possibilidade de um encontro crítico com a ficção.** Fazer da emoção o ponto de enclave para aprofundar, ir além do assunto do livro ou prender o leitor com as histórias, e convidá-los a visitar o fato estético que a palavra literária implica. Que analisem, sim, o mundo social e suas formas de se ordenar nele. É importante se verem diante do outro, entenderem como se comportam diante desse outro, defenderem suas próprias censuras, construírem uma identidade para si e assumirem suas carências. Todavia cabe também a nós lhes apresentarmos a ficção como um exercício crítico. Mais do que lhes darmos o dom da suspeita do adulto ou das novas gerações, lhes oferecermos a possibilidade da especulação. Que eles se permitam duvidar, mas a partir do questionamento, de seu próprio julgamento.

O promotor de leitura, a partir de espaços como bibliotecas, escolas, editoras e livrarias, não deve negar esses novos modos de leitura. Se ele trabalha com adolescentes, deve estar a par, com real interesse, dos avanços dessas comunidades, das novidades e do papel dos *influencers*. Seu estudo está cada vez mais difícil e incomensurável, expostos a uma grande quantidade de produção de novidades editoriais a cada ano. Entretanto, é aqui que o afeto pelo outro, o reconhecer-se dentro do grupo, desempenha um papel fundamental: cabe a ele decifrar os jovens leitores, entendê-los e convidá-los para uma discussão fora daquela comunidade. Recomendar-lhes de acordo com seus gostos bem como dar a oportunidade de uma pluralidade; apresentar-lhes ficções novas e clássicos. Dar-lhes a entender que não estão sozinhos no vazio, no nada, que o mundo da ficção pode ir se construindo de mãos dadas com o outro, independentemente da idade.

Mostrar-lhes que a memória, ainda que seja uma ficção, não é necessariamente breve; que nossa genética leitora, essa que nos leva a buscas cada vez mais diferentes nos livros, séries ou filmes, cria em nós uma identidade. A construção dessa memória, com seus fatos e leituras, nos ajuda a nos mantermos firmes em nossas convicções e a entender o valor das coisas que se perdem. Somos as ficções que levamos em nossa mala.

Na última sessão do clube de leitura em que fui monitor há uma semana, um dos meninos nos contava sua experiência ao terminar de ler *Lolita* (1955), de Vladimir Nabokov. Sua indignação foi tão transcendente quanto etérea: o fim, quando o narrador anuncia que a ele e Lolita restará a ficção como ponto de encontro após a morte, parecia-lhe sublime. Ele, como leitor, atentou para o fato estético de entender que, na palavra, essa transcendência do homem e do amor pode existir. No entanto, suas próprias crenças como ativista feminista o fizeram questionar o horror no fato de Lolita, de 12 anos, ter de viver eternamente presa na ficção construída por Humbert – o narrador em primeira pessoa –, o qual ele considerava um depravado.

A sedução da palavra desse narrador levou-o a entender o mundo de uma forma distinta, até mesmo seu próprio parecer estava sob suspeita. **E essa permissão para se questionarem é fundamental: entenderem-se capazes de se sentir diferentes, de serem algo mais do que um "eu" e compreenderem que cumprem uma função social independente do ser adulto**. Isso é muito mais importante nos dias atuais, tão politicamente corretos. Procurar ser cauteloso diante dos questionamentos vazios de conteúdo e reflexão da sociedade, nos quais cada comentário ou gesto deve ser medido e contido. Isso foi nos levando, ironicamente, a uma sociedade mais enviesada e intolerante com as diferenças do outro.

A leitura do literário é um exercício de arte, uma representação do artístico, porém para os jovens é também um espaço que oferece intercâmbio de ideias, um espaço sociológico para compreender o mundo. **Devemos apresentar a eles o deleite estético da palavra a partir do afeto que eles sentem por suas histórias, no vínculo com seus livros.*** Os mediadores

---

* A pedagoga Bel Santos Mayer, criadora do projeto Biblioteca Comunitária Caminhos da Leitura, no Brasil, transformou o espaço de um cemitério, em Parelheiros, para que a comunidade pudesse ter direito à cultura. Parte de seu discurso nasce do que ela chama de "pedagogia do cafuné", conceito que aprendeu com o educador Tião Rocha e ideia com a qual estamos de acordo, que sempre pratiquei e compartilhei. "Cafuné" é o gesto de acariciar o cabelo de alguém para acalmá-lo ou mimá-lo, e com essa pedagogia ela propõe usar o afeto, o contato real com o outro e a paciência como ferramenta no diálogo. Nas palavras dela: "Fazemos tudo o que podemos para acolher o outro. Se você ouviu ou leu e não entendeu, vamos ler juntos. A literatura é, sobretudo, um exercício da escuta". Bruninho Sousa, um dos jovens responsáveis por essa biblioteca, também participa em outros grupos juvenis de vital relevância, como o *Encrespad@s*, que visa promover o diálogo entre os jovens sobre questões raciais, direitos humanos e identidade de gênero; ou o Núcleo de Jovens Políticos, que promove clubes de leitura com jovens em torno da literatura e do poder político do cidadão [NA].

não são orientadores ou psicólogos, mas humanos e entendem a importância da companhia para além do resgate do estético. É aqui, então, que encontro aquele ponto comum entre os adolescentes, independentemente das gerações: em sua relação de amor/ódio com as ficções, em sua forma de habitá-las, de se apropriar delas para escapar da solidão e entender ou enfrentar o mundo adulto. E essa é a porta de entrada pela qual um mediador pode fazê-lo chegar ao encontro com o fato estético, o prazer e a essência do ser. Só é preciso ter paciência, tolerância, disposição, criatividade, engenhosidade e um vínculo tanto acadêmico quanto afetivo com as ficções. As fadas de *Peter Pan* só existem se você acreditar nelas. E se você decidiu entrar na Terra do Nunca com as crianças perdidas, deve se sentir como uma delas.

"Supor" não deve ser apenas um verbo em uso para o mediador. Explorar e dialogar consegue gerar um sentimento em meio à confusão atual. Emocionemo-nos. Viajemos com eles em barcos, leiamos as previsões do futuro, contemplemos o mar como se fosse a primeira vez em um poema, em um vídeo, em um grafite. Conheçamos a chuva.

O mundo e suas regras, independentemente do momento histórico em que o leitor adolescente se encontre, é capaz de se desdobrar diante deles na convivência com o outro, a partir dessas outras formas de viver.* É uma forma de migrar, transitar e crescer, além de convocar o literário a partir da ficção do outro.

Como mediadores, continuamos compartilhando experiências para formar esses leitores a partir da saudade: dispostos a criar formas de apego, assumindo a perda como parte do processo e entendendo que, na atualidade, cada vez que nos aproximamos, esse conceito de leitura se reinventa, mostra-se diferente no tempo. Por isso, não deixemos de estranhar o mundo, de encontrar nos desertos compartilhados o prazer de uma alegoria ou de uma metáfora. Digamos aos jovens quem somos, o que fomos quando estávamos naquele "entre aqui e acolá" e deixemos que eles nos digam o que foram, o que são e o que serão. Façamos isso a partir de **seu direito ao pertencimento** e continuaremos nos encontrando com as novas gerações na ficção e na palavra.

---

* Esteticamente, Shaun Tan propõe esse exercício de reconhecimento em seu livro *A chegada* (SM, 2011). O mundo que ele oferece é uma experiência estética totalmente nova para quem chega, inclusive para o leitor. Retrata um país inventado, onde muitas pessoas, com vidas diversas, vão criando um vínculo de comunhão social a partir das suas ficções e nostalgias. É uma experiência revitalizadora da arte, a partir da linguagem da ilustração e sem o uso da palavra como artifício [NA].

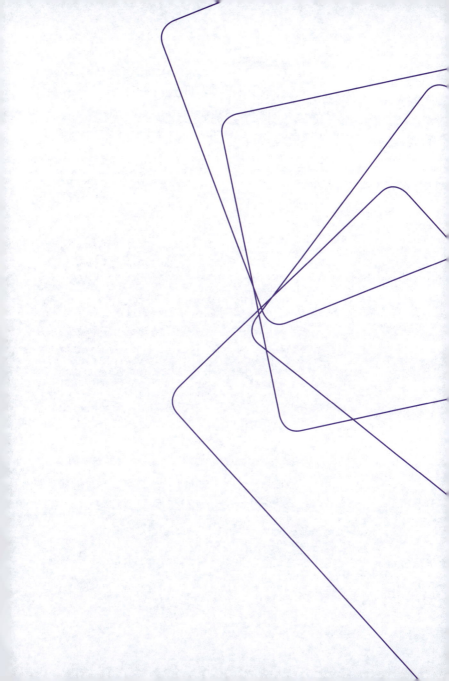

Epílogo inesperado, notas do presente

explicar com palavras deste mundo
que partiu de mim um barco me levando
PIZARNIK, ALEJANDRA. *ÁRBOL DE DIANA*. BUENOS AIRES: BO-
TELLA AL MAR, 1988.

E de repente, em 2020, a vida se transformou em um grande zoológico. Devido às consequências da covid-19, doença causada por um vírus que trouxe consigo a situação de pandemia mundialmente, estabeleceu-se uma ordem social ligada ao cativeiro desigual e seletivo. Isso desencadeou múltiplas práticas que permitiam que nos observassem a partir de nossas jaulas, nos mostrando, nos contando. A sociedade fez do confinamento um safári também. Não digo isso de maneira depreciativa, penso assim tanto como um observador quanto como uma figura desse animal enclausurado que é mostrado. É uma exibição quase exótica, que nivela as tensões, conceitos e emoções com as quais nos confrontamos ou questionamos atualmente. Somos testemunhas daquilo que ontem julgávamos absurdo, daquelas distopias que tanto celebramos em livros, séries e filmes. As ficções já não são mais uma desculpa, refúgio ou evasão. Somos nós que pertencemos a esse discurso ficcional que nos fora tão rentável no passado e, hoje, não nos parece tão divertido. De todas as distopias, coube a nós a do confinamento e da doença. Essa gripe aparentemente inofensiva. Recorremos às redes sociais para partilhar, sem demora ou filtro, tudo o que nos acontece: ansiedade, frustração, impotência, medo, raiva, tristeza, risos... Nem uma semana se passara desde o início do enclausuramento, e a casa virou inimiga, o refúgio transformou-se numa entidade causadora de tédio. Geramos uma trama complexa, cheios de artifícios para sobreviver ao confinamento. E, como era uma emergência, dissolvemos códigos, normas estabelecidas.

Existe o mundo adulto: pessoas com opção de teletrabalho que descobriram as formas de transbordar fora de um horário; os autônomos que buscavam uma forma de se reinventarem para evitar o colapso; e os desempregados, cujas possibilidades se viram prejudicadas. Mas há também o mundo complexo das crianças e dos adolescentes, que foram atacados por múltiplas responsabilidades escolares, pelo menos aqueles que puderam atendê-las da trincheira virtual. Essa evidência foi registrada em artigos [dos jornalistas e escritores] Elvira Lindo, Aitor Álvarez ou Isaac Rosa: "o mundo está desabando, mas que a garotada não perca aula".[101] E ao mesmo tempo, de forma pessoal, no registro dos adolescentes com quem converso diariamente, eles estavam angustiados, tensos, sobrecarregados. Não só pelo tédio, mas por essa falsa meta das escolas que os condiciona a continuar rendendo em condições extraordinárias. Isso sem falar dos professores, aqueles que desejam fazer, aqueles que tiveram de aprender códigos de interação digital, bem como esses outros que, eticamente, sabem que um currículo não possui suficiente vontade para esse momento em que vivemos. Como conversar sobre o que está acontecendo?

Fora das escolas, houve ainda um transbordamento de ideias e propostas: os narradores liam álbuns ao vivo sem solicitação de direitos; cursos on-line gratuitos; livros liberados de grandes editoras; plataformas que ofereciam filmes e séries; e até páginas pornôs davam acesso ao seu conteúdo gratuitamente. Além disso, teve quem uniu esforços para manter projetos, arrecadar fundos para pesquisas, montar estratégias mais bem pensadas. Cada um colocou seu grão de areia, em grande medida, para sustentar o caos social. Essa violenta solidariedade, muitas vezes com toques de marketing ou como sintoma de hiperprodutividade, era aplaudida pela maioria nas redes. Aqueles mesmos que, de maneira irracional, atacavam quem defendia o isolamento pela sobrevivência das pessoas que trabalham por trás da cultura: editoras, livrarias, museus, bibliotecas, distribuidoras etc. É como se a cultura fosse vital para o ser humano, mas, ao mesmo tempo, prescindível. O que chamarei ironicamente de "uma dicotomia pandêmica".

*

Antes que a vida se tornasse incerta, passei anos discutindo com adolescentes nosso papel nesta sociedade que estava se forjando. Habitávamos o espaço simbólico da ficção para entender as alianças que fazemos com o desenvolvimento cultural e social, as ideias que defendemos, a conveniência de nossos projetos pessoais, as redes que nos habituam a essa sensação de comunidade e "liberdade". Olhar para o mundo adulto além do medo, da admiração ou do desprezo. Entender suas formas, que se apropriaram de seus modos de acreditar e como a sociedade deveria ser construída. No entanto, em questão de meses, essa mesma sociedade parecia ser outra coisa. Os conceitos e códigos estabelecidos se confundem em nome da emergência. Não deixo de pensar nas possíveis consequências que isso pode trazer nas responsabilidades e deveres que nos faziam pertencer a ela. Passamos de um aparente diálogo sustentado para uma mistura indefinida de sons, aves, felinos e macacos no meio do safári. Somos, assim como os adolescentes, um espaço em crise.

Não que eu ache que o mundo adolescente se situe na *graphic novel Daybreak*,[102] de Brian Ralph (também adaptada para o formato de série): um mundo pós-apocalíptico *mainstream* onde os adultos são responsáveis e únicos zumbis; em 2020, menos corrosivo e com mais "comodidades". Em outras palavras, o mundo adulto é, da mesma forma, simbolicamente a causa e o efeito da destruição. Os pequenos ecossistemas entraram em colapso e somos parte de algo intangível.

Então, penso nas plataformas de entretenimento de massa, tal qual a Netflix, estabelecendo tendências, com programas sobre os quais todos falam, como um eco no vazio, sem repercussão. Porque às vezes queremos ver algo que não nos faça pensar, em *loop*, até que se torne habitual. Há ainda a decolagem das redes sociais como o TikTok, que convida principalmente adolescentes e, agora, alguns adultos a repetir um padrão da moda para irmos rindo de nós mesmos, dessa claustrofobia coletiva, porque somos todos diversão, cheios de possibilidades. É o efêmero, o superficial, a velocidade dos fatos, mas em tempo sempre presente, em câmera lenta, nos contando, nos mostrando, rompendo o direito à intimidade dentro de nossas próprias casas. Sou tudo, deixo tudo, para que me observem.

Temos a certeza de que as redes sociais têm desempenhado atualmente um papel fundamental de janela, não só para observarmos, ajudarmos, apoiarmos, estendermos um aos outros para além da distância obrigatória, mas também para nos informarmos. Estamos realmente confinados a essa estranha dimensão entre o mundo real e o virtual, o ultramundo, como Alessandro Baricco cataloga em seu livro *The game*.

*

Apaguemos, por um instante, toda essa trama criada a partir de nossas jaulas, esse "fazer" sem responsabilidade. Pensemos naquele momento em que se apaga a luz das telas, pouco antes de dormir – quem puder fazê-lo: o que nos resta? Quem somos nós nesse espaço de intimidade? O que pensamos ou sentimos? Agora, imaginem um adolescente que mal estava começando a se entender como agente social: como será na sociedade quando a emergência passar? Como ele reconstruirá sua identidade? Seus hormônios? Sua relação com o virtual e o real? Como ele deve se posicionar diante do outro, diante do sistema educacional ou da incerteza do futuro?

Tudo isso, entendendo o grupo de pessoas que pertencem ao espaço da bolha em que a Internet lhes devolve. Porque há outro espaço, esse que não pode se dar ao luxo de protestar contra a cultura, nem fazer apagões, nem bater panelas, nem acessar um livro ou uma plataforma de entretenimento com mensalidade. Há um mundo que não é exibido nem contado, que, de fato, está silenciado nessa nova trama. Que sempre viveu em silêncio, e agora está ainda mais. Não é visto, não é notícia. O mundo sem idade que não pode ficar em casa trabalhando ou estudando à distância, que tem de improvisar o dia a dia. Aqueles adolescentes que, no melhor dos casos, têm de se encontrar em segredo para passar as tarefas uns aos outros, porque não têm as ferramentas para responder àquilo que a "sociedade organizada" está lhes pedindo; aqueles que têm de abrir mão dos estudos para cuidar dos irmãos; aqueles para os quais a intimidade também nunca foi um direito real. Para esses jovens, sua jaula é a rua vazia, esse espaço em que devem se movimentar, resolvendo a vida nas frestas de um mundo agora mais hostil.

Então, quem pensa sobre o futuro? Não no que será, mas no que seremos. Não penso em teorias ou possibilidades, porém nas formas de reagir. Localizo aqui, novamente, no adolescente, essa maneira tão desenfreada de pactuar com suas armas íntimas para construir uma identidade própria, entretanto agora na contingência. Eles estão tão desorientados quanto nós, os adultos. Essa crise deveria nos colocar – a todos – num ponto-chave de reflexão, diálogo e acompanhamento. Estamos conseguindo?

*

Esse registro dos acontecimentos cotidianos é tão novo para todos quanto é volátil; irrompe em nossos espaços seguros. Não se pode negar que o ultramundo do virtual está nos ajudando – e corroborando que precisamos "contar com testemunhos", o que "nos ajuda a poder existir sob o olhar dos outros, ajuda-nos no ato de levar à superfície fragmentos do que somos, ajuda-nos a falar/mostrar/representar/dar forma[103]" –, mas continua nos deixando na angústia da crise.

Edgar Morin, filósofo e sociólogo francês, disse no ano passado, em uma entrevista, que lhe parecia importante nos prepararmos para entender as interconexões: "Como uma crise sanitária pode provocar uma crise econômica que, por sua vez, produz uma crise social e, em última instância, existencial".[104] E acredito que devemos começar a enfrentar essa vereda, acompanhar os adolescentes nessa incerteza que nos iguala.

Aqueles de nós que têm a possibilidade, penso eu, devem conversar com eles – como sempre insisto –; desta vez, porém, não apenas ouvi-los, mas confrontar nossas ansiedades com as deles. Oferecer-lhes as possibilidades de encontro simbólico no literário, na arte, no audiovisual e nos jogos, socializar a partir de seus espaços, com suas propostas, e nos vermos neles (ou através deles). Como dizem Lucas Ramada Prieto e Hugo Muñoz Gris em seu artigo "*Donde vivan los juegos*": "Nem tudo tem de ficar do outro lado da tela, mas podemos abri-las como janelas para que o jogo tome conta de nossos espaços-tempos e os transforme de cima para baixo em outros lugares e outros momentos".[105]

Assim como devemos dar-lhes a conhecer os direitos do leitor de Daniel Pennac.[106] Ou seja, fazê-los compreender que, nesta situação extraordinária, eles não têm a obrigação de fazer algo em nome da cultura ou da educação, tampouco de ser figuras de um entretenimento coletivo; além de mostrar a eles que a intimidade é um direito inviolável, que se algo de benéfico pode ser obtido disso é o resgate desse espaço íntimo para reconhecer a si mesmo, para se encontrar com esse "outro", que são a família, o amigo, o professor, o companheiro ou a sociedade, inclusive com todos os seus laços no ultramundo.

Essa é a única forma que vejo de começar a abrir as jaulas, sermos livres em nosso próprio espaço, para oferecer um verdadeiro apoio quando a crise nos deixar e tivermos de reconquistar o espaço exterior.

Penso em uma história de Shaun Tan em que incontáveis borboletas chegavam na hora de comer e as pessoas ficavam paralisadas nas ruas, ombro a ombro: "As palavras ficaram mudas em nossas mentes, a voz, narradora constante, que sempre separa as coisas por causa e efeito, signo e símbolo, alguma espécie de significado útil, valor ou presságio; tudo isso se deteve e chegaram as borboletas".[107] Ficamos realmente emudecidos no caos. Talvez seja hora de ensaiar nossas próprias tramas para um futuro que será tão complexo quanto vulnerável.

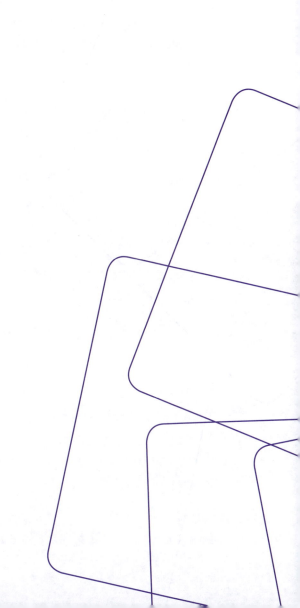

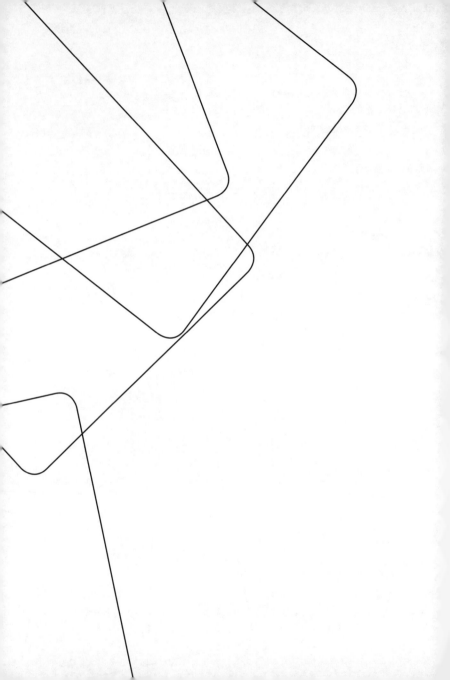

Notas bibliográficas

1 FARIAS, J. *Los caminos de la Luna*. Madrid: Anaya, 1997, p. 92.

2 ENDE, M. *A história sem fim*. Tradução de Maria do Carmo Cary. São Paulo: Martins Fontes, 1991.

3 CHBOSKY, S. *As vantagens de ser invisível*. Tradução de Ryta Vinagre. Rio de Janeiro: Rocco Jovens Leitores, 2021.

4 TELLER, J. *Nada*. Traducción de Carmen Freixanet. España: Seix Barral, 2011, p. 08.

5 PETIT, M. *A arte de ler – Ou como resistir à adversidade*. Tradução de Arthur Bueno e Camila Boldrini. São Paulo: Ed. 34, 2009, arquivo digital.

6 DURAN, T. *Leer antes de leer*. Madrid: Anaya, 2002, p. 14.

7 SILVA-DÍAZ, M. C. Entre el escrito y uno mismo: Realismo juvenil y construcción de identidades. In: COLOMER, T (org.). *Lecturas adolescentes*. Barcelona: Graó, 2009, p. 109.

8 GÓMEZ SOTO, I. Tránsitos de la lectura en tiempos de incertidumbre. In: *Nuevos espacios para la lectura en el siglo XXI: VII Simposio sobre Literatura Infantil y Lectura*. Madrid, 22-24 de novembro de 2001, p. 56.

9 PRENSKY, M. *Enseñar a nativos digitales*. Madrid: Ediciones SM, 2011, p. 23.

10 PETIT, M. *A arte de ler*, op. cit., arquivo digital.

11 ZAID, G. *Leer*. México: Océano Travesía, 2012, p. 14.

12 LIPOVETSKY, G. *A era do vazio: Ensaios sobre o individualismo contemporâneo*. Tradução de Therezinha Monteiro Deutsch. São Paulo: Manole, 2005, arquivo digital.

13 CRUCES VILLALOBOS, F. V. (org.). *¿Cómo leemos en la sociedad digital? Lectores, booktubers y prosumidores*. Madrid: Ariel & Fundación Telefónica, 2017, p. 51.

14 ANDRUETTO, M. T. *A leitura, outra revolução*. Tradução de Newton Cunha. São Paulo: Edições Sesc, 2017, p. 141-142.

15 ORSON WELLES, G.; CANTRIL, Hadley. *El guión radiofónico de La invasión desde Marte sobre la novela 'La guerra de los mundos' de H. G. Wells*. Traducción de Jiménez Hefferman. Madrid, Abada Editores, 2012, p. 204.

16 SIBILIA, P. *La intimidad como espectáculo*. Traducción de Soledad Laclau. México: Fondo de Cultura Económica, 2008, p. 251.

17 PETIT, M. *Nuevos acercamientos a los jóvenes y la lectura*. México: Fondo de Cultura Económica, 1999, p. 76.

18 HUNTER, E. *Os gatos guerreiros*. Tradução de Marilena Moraes. São Paulo: WMF Martins Fontes, 2015.

19 ZAID, G. *Leer*, op. cit., p. 15.

20 SÁNCHEZ CORRAL, L. *Violencia, discurso y público infantil*. España: Universidad Castilla-La Mancha, 2005, p. 372

21 GAIMAN, N. *The View from the Cheap Seats: Selected Nonfiction*. New York: William Morrow & Company, 2016, arquivo digital. No original: "*Children are extremely interested in adult behavior. They want to know about us. Their interest in the precise mechanics of peculiarly adult behavior is limited. All too often it seems repellent, or dull. A drunk on the pavement is something you do not need to see, and part of a world you do not wish to be part of, so you look away. Children are very good at looking away*".

22 NODELMAN, P. Somos mesmo todos censores? Dois ensaios de Perry Nodelman. Tradução de Lenice Bueno. São Paulo: Selo Emília, 2020, p. 41.

23 TEIXIDOR, E. *Pan negro*. Barcelona: Seix Barral, 2011, p. 33-34.

24 ANDRUETTO, M. T. *A leitura, outra revolução*, op. cit., p. 142.

25 DILL, L. *Dick Silva - No mundo intermediário*. São Paulo: Pulo do Gato, 2016.

26 GARRIGÓS, A. Lectura, memoria y metáfora. Sabores letrados. In: CASSANY, D. (comp.). Para ser letrados: voces y miradas sobre la lectura. Barcelona, España: Paidós, 2009, pp. 149-151.

27 PETIT, M. *Nuevos acercamientos a los jóvenes y la lectura*, op. cit., p. 79.

28 COLASANTI, M. *Tudo tem princípio e fim*. São Paulo: Escarlate, 2017, p. 34.

29 HINTON, S. E. *The outsiders: Vidas sem rumo*. Tradução de Ana Guadalupe. Rio de Janeiro: Intrínseca, 2020.

30 Para mais informações, acessar o canal *JavierRuescas* na plataforma YouTube. Disponível em: <tinyurl.com/ffb8hmez> (Acesso: 14 jul. 2021) [NT].

31 Vlog mantido pela *booktuber* e escritora espanhola Esmeralda Verdú. Disponível em: <tinyurl.com/4c38anzc>. (Acesso: 14 jul. 2021) [NT].

32 *Cf.* o canal da *booktuber* Lizzie no YouTube. Disponível em: <tinyurl.com/34bh7wwf> (Acesso: 14 jul. 2021) [NT].

33 *Cf.* canal da escritora e *booktuber* brasileira Pam Gonçalves no YouTube. Disponível em: <tinyurl.com/2mx8t3jb> (Acesso: 14 jul. 2021) [NT].

34 *Cf.* canal da *booktuber* Isa di Angelo no YouTube. Disponível em: <tinyurl.com/3b56rnc3> (Acesso: 14 jul. 2021) [NT].

35 *Cf.* canal da *booktuber* e jornalista brasileira Isabella Lubrano no YouTube. Disponível em: <tinyurl.com/nbakdcyv> (Acesso: 14 jul. 2021) [NT].

36 *Cf.* canal da *booktuber* brasileira Bel Rodrigues no YouTube. Disponível em: <tinyurl.com/2pbh2yyt> (Acesso: 14 jul. 2021) [NT].

37 *Cf.* canal da *booktuber* colombiana Kyoko no YouTube. Disponível em: <tinyurl.com/493bvk7z> (Acesso: 14 jul. 2021) [NT].

38 O canal Cabine Literária é apresentado pelo escritor e *youtuber* brasileiro Danilo Leonardi, com participações de outros críticos. Os vídeos trazem críticas e discussões sobre diversos livros. Disponível em: <tinyurl.com/ymbjtsc2> (Acesso: 14 jul. 2021) [NT].

39 *Cf.* canal do *booktuber* Sebastián García Mouret no YouTube. Disponível em: <tinyurl.com/68c7ac8w> (Acesso: 14 jul. 2021) [NT].

40 LLUCH, Gemma. Un nuevo lector juvenil: De *Perdidos* a *Harry Potter*, pasando por los foros y el YouTube. In: *Revista CLIJ*, n. 221. España, 2008, p. 221.

41 BARRIE, J. M. *Peter Pan – A origem da Lenda*, op. cit., arquivo digital.

42 PETIT, M. *Leituras: do espaço íntimo ao espaço público*. Tradução de Arthur Bueno e Camila Boldrini. São Paulo: Ed. 34, 2013, arquivo digital.

43 GRANDES, A. *Estaciones de paso*. Barcelona: Tusquests, 2005, p. 37.

44 GEISLER, L. *Quiçá*. São Paulo: Record, 2012, arquivo digital.

45 PAMUK, O. *Istambul: Memória e cidade*. Tradução de Sergio Flaksman. São Paulo, Cia das Letras, 2007, arquivo digital.

46 FRANK, T. *La conquista de lo cool: El negocio de la cultura y la contracultura y el nacimiento del consumismo moderno*. Traducción de Mónica Sumoy Gete-Alonso y Carlos Castillón. Barcelona, Alpha Decay, 2011, p. 345. Para a Organização das Nações Unidas (ONU), a juventude abarca a idade de 12 a 25 anos.

47 FRANK, T. *The Conquest of Cool: Business Culture, Counterculture, and the Rise of Hip Consumerism*. Chicago: University of Chicago Press, 1998.

48 FRANK, T. *La conquista de lo cool*, op. cit., p. 345-346.

49 BAUMAN, Z. *Vida líquida*. Tradução de Carlos Alberto Medeiros. Rio de Janeiro: Zahar, 2007, p. 36.

50 BARRIE, J. M. *Peter Pan – A origem da Lenda*, op. cit., arquivo digital.

51 SARLAND, C. *La lectura en los jóvenes: Cultura y respuesta*. Traducción de Luz Diana Sanchez. México: Fondo de Cultura Económica, 2003, p. 238.

52 ROSENBLATT, L. M. *La literatura como exploración*. Traducción de Victoria Schussheim. México: Fondo de Cultura Económica, 2002, p. 222.

53 REYNA, P. C. *#soyidhunita*. Madrid: Ediciones SM, 2013, p. 72.

54 VARGAS LLOSA, M. *A civilização do espetáculo*. Tradução de Ivone Benedetti. Rio de Janeiro: Objetiva, 2013, arquivo digital.

55 GUBERN, R. *Máscaras de la ficción*. Barcelona: Anagrama, 2002, p. 10-11.

56 MARGALLO, A. M. Entre la lectura juvenil y la adulta: El papel de los *best-sellers*. In: COLOMER, Teresa (org.). *Lecturas adolescentes*, op. cit., p. 224.

57 VARGAS LLOSA, M. *A civilização do espetáculo*, op. cit., arquivo digital.

58 Ibid.

59 SALTZ, J. Art at Arm's Length: A History of the Selfie. In: *Vulture*. Artigo publicado originalmente em 03/02/2014, na *New York Magazine*. Disponível em: <tinyurl.com/3tbnjz4e> (Acesso: 15 jul. 2021). No original: "*Selfies have changed aspects of social interaction, body language, self-awareness, privacy, and humor, altering temporality, irony, and public behavior. It's become a new visual genre—a type of self-portraiture formally distinct from all others in history. Selfies have their own structural autonomy. This is a very big deal for art*".

60 ANDRUETTO, M. T. *A leitura, outra revolução*, op. cit., p. 16.

61 Referência a TAPIA, I.; MONTSE, L. *La casa de papel. O diario do profesor* (*Escape book*). Tradução de Sandra Martha Dolinsky. São Paulo: Planeta, 2020 [NT].

62 AKAPOETA. *O livro dos ressignificados*. São Paulo: Paralela, 2017.

63 ZAID, G. *Leer*, op. cit., p. 146.

64 SANDOVAL, J. A. *Operativo nini*. México: Norma, 2011.

65 TELLER, J. *Nada*, op. cit., p. 05.

66 PETIT, Michèle. *A arte de ler*, op. cit., arquivo digital.

67 BAJOUR, C. *Oír entre líneas*. Bogotá: Asolectura, 2009, p. 25.

68 GARRALÓN, Ana. "Lectocrime", ou como a mediação pode matar o gosto pela leitura. Tradução de Tais da Silva Prades Villela. In *Revista Emília* [17/08/2018]. Disponível em: <tinyurl.com/myh3784e> (Acesso: 16 jul. 2021) [NT].

69 MONTES, G. *Buscar indícios, construir sentidos*. Tradução de Cícero Oliveira. São Paulo: Selo Emília, 2020, p. 31.

70 ZAID, G. *Leer*, op. cit., p. 109.

71 CLINE, E. *Jogador Nº 1*. Tradução de Carolina Caires Coelho. São Paulo: Leya, 2012, arquivo digital.

72 DUNHAM, L. *Não sou um dessas*. Tradução de Lourdes Sette. Rio de Janeiro: Intrínseca, 2014, arquivo digital.

73 PATERSON, K. *Ponte para Terabítia*. Tradução de Ana Maria Machado. São Paulo: Salamandra, 2006, arquivo digital.

74 BARBERY, M. *A elegância do ouriço*. Tradução de Rosa Freire Aguiar. São Paulo: Cia das Letras, 2008, arquivo digital.

75 CAMUS, A. *O estrangeiro*. Tradução de Valerie Rumjanek. São Paulo: Record, 2019, arquivo digital.

76 SAFRAN FOER, J. *Tan fuerte, tan cerca*. Barcelona: Random House Mondadori, 2012, p. 439-440.

77 CAMPBELL, J. *El héroe de las mil caras*. México D.F.: Fondo de Cultura Económica, 1997, p. 97.

78 TELLER, J. *Nada*, op. cit., p. 137.

79 BAUMAN, Z. *Identidade. Entrevista a Benedetto Vecchi*. Tradução de Carlos Alberto Medeiros. Rio de Janeiro: Zahar, 2005, arquivo digital.

80 ROBLEDO, B. H. *Flores blancas para papá*. Bogotá: SM, 2012, p. 63-64.

81 MUÑOZ PUELLES, V. *La guerra de Amaya*. Madrid: Anaya, 2010, p. 42.

82 Ibid.

83 BODOC, L. *Los días del venado*. Buenos Aires, Grupo editorial Norma, 2000, p. 204-205.

84 MCCORMICK, M. I. *Algo pasa en La Quinta San Roque*. Bogotá: SM, 2017, p. 10.

85 NÖSTLINGER, C. *Bonsai*. Tradução de María de las Mercedes Ortiz. Bogotá: Norma, 2015, p. 91.

86 HAAF, M. *Dejad de lloriquear: sobre una generación y sus problemas superflúos*. Barcelona: Alpha Decay, 2012, p. 33.

87 BAUMAN, Z. *Vida líquida*, op. cit., p. 44.

88 ANDRUETTO, M. T. *A leitura, outra revolução*, op. cit., p. 22-23.

89 BAUMAN, Z. *Identidade*, op. cit., arquivo digital.

90 Ibid.

91 ZENATTI, V. *Uma garrafa no mar de Gaza*. Tradução de Julia da Rosa Simões. São Paulo: Companhia das Letras, 2012, p. 34.

92 MARTÍN ALVAREZ, N. Jóvenes consumidores en el siglo XXI. In: *Cuadernos de pedagogía*, n. 292, 2000, p. 32.

93 LOZANO, H. *Cuando fuimos los peripatéticos*. Barcelona: Planeta, 2018, p. 88.

94 SATOSHI, A. Regaining Continuity with the Past: *Spirited Away* and *Alice's Adventures in Wonderland*. In: *Bookbird*, n. 1, 2008, p. 28. No original: "However, no matter how drastically the historical and social contexts of *Alice's Adventures in Wonderland* and *Spirited Aways* differ, they have an important issue in common: that is, that a girl's puberty is a great discontinuity which can be considered a kind of death, and that the only way to be reborn from it is to get back continuity with the past to retain her identy.".

95 BAUMAN, Z. *Vida líquida*, op. cit.

96 HAAF, M. *Dejad de lloriquear*, op. cit., p. 87-88.

97 Ibid.

98 GARRIGÓS, A. Lectura, memoria y metáfora. Sabores

letrados. In: CASSANY, D. (comp.). Para ser letrados: voces y miradas sobre la lectura. Barcelona, España: Paidós, 2009, pp. 149-151.

99 BARRIE, J. M. *Peter Pan – A origem da Lenda*, op. cit., arquivo digital.

100 SERNA MARTÍN, M. A. El fin de la infancia. In: *Dioptrías*, versión digital [23/12/2012]. Disponível em: <tinyurl.com/szdpcmk7> (Acesso: 19 jul. 2021).

101 ROSA, I. El mundo se derrumba, pero que los chavales no pierdan clase. [07/04/2020]. Eldiario.es. Disponível em: <tinyurl.com/53drct7s> (Acesso: 19 jul. 2021).

102 RALPH, B. *Daybreak*. La Vergne: Drawn & Quarterly, 2020.

103 BARICCO, A. *The game*. Turim: Einaudi, 2018.

104 TRUONG, N. Edgar Morin : "Cette crise nous pousse à nous interroger sur notre mode de vie, sur nos vrais besoins masqués dans les aliénations du quotidien" [19/04/2020]. Disponível em: <tinyurl.com/4kxrvtwv> (Acesso: 17 ago. 2021).

105 RAMADA PRIETO, L.; MUÑOZ GRIS, H. Donde vivan los juegos. In: CCCBLAB, versión digital, 2020. Disponível em: <tinyurl.com/pdmxjewm> (Acesso: 19 jul. 2021).

106 PENNAC, D. *Como um romance*. Tradução de Bernardo Ajzenberg. Rio de Janeiro: Rocco, 1993.

107 TAN, S. *La ciudad latente*. Albolote: Bárbara Fiore, 2018, p. 18.

Bibliografia

OBRAS DE CONSULTA

ANDRUETTO, María Teresa. *A leitura, outra revolução*. Tradução de Newton Cunha. São Paulo: Edições Sesc, 2017.

ÁLVAREZ BARDÓN, Aitor. Alumnos sin acceso a la educación a distancia: la pandemia saca a la luz grandes desigualdades. In: *Las Provincias* [11/04/2020], versão digital Disponível em: <tinyurl.com/3yus9j5z> (Acesso: 19 jul. 2020).

BAJOUR, Cecilia. *Oír entre líneas*. Bogotá: Asolectura, 2009.

BARICCO, Alessandro. *The game*. Turim: Einaudi, 2018.

BAUMAN, Zygmunt. *Identidade. Entrevista a Benedetto Vecchi*. Tradução de Carlos Alberto Medeiros. Rio de Janeiro: Zahar, 2005, arquivo digital.

HAAF, Meredith. *Dejad de lloriquear: sobre una generación y sus problemas superflúos* BAUMAN, Zygmunt. *Vida líquida*. Tradução de Carlos Alberto Medeiros. Rio de Janeiro: Zahar, 2007.

BAUMAN, Zygmunt. *Sobre educação e juventude: Conversas com Riccardo Mazzeo*. Tradução de Carlos Alberto Medeiros. Rio de Janeiro: Jorge Zahar, 2013.

CAMPBELL, Joseph. *El héroe de las mil caras*. México D.F.: Fondo de Cultura Económica, 1997.

CASSANY, Daniel. (org.). *Para ser letrados: voces y miradas sobre la lectura*. Barcelona: Paidós, 2009.

CERVERA, Juan. Lo infantil y lo juvenil en la literatura. In: *Educadores: Revista de la federación española de religiosos de la enseñanza*, n. 137, 1988, p. 191-210.

COLASANTI, Marina. *Como se fizesse um cavalo*. São Paulo: Pulo do Gato, 2012.

COLOMER, Teresa (org.). *Lecturas adolescentes*. Barcelona: Graó, 2009.

CRUCES VILLALOBOS, Francisco (org.). *¿Cómo leemos en la sociedad digital? Lectores, booktubers y prosumidores*. Madrid: Ariel & Fundación Telefónica, 2017.

DUNHAM, Lena. *Não sou um dessas*. Tradução de Lourdes Sette. Rio de Janeiro: Intrínseca, 2014.

DURAN, Teresa. *Leer antes de leer*. Madrid: Anaya, 2002.

FRANK, Thomas. *The Conquest of Cool: Business Culture, Counterculture, and the Rise of Hip Consumerism*. Chigago: University of Chicago Press, 1998.

FRANK, Thomas. *La conquista de lo cool: El negocio de la cultura y la contracultura y el nacimiento del consumismo moderno*. Tradução de Mónica Sumoy Gete-Alonso e Carlos Castillón. Barcelona, Alpha Decay, 2011.

GAIMAN, Neil. *The View from the Cheap Seats: Selected Nonfiction*. New York: William Morrow & Company, 2016.

GÓMEZ SOTO, Ignacio. Tránsitos de la lectura en tiempos de incertidumbre. In: *Nuevos espacios para la lectura en el siglo XXI: VII Simposio sobre Literatura Infantil y Lectura*. Madrid, 22-24 de novembro de 2001.

GUBERN, Román. *Máscaras de la ficción*. Barcelona: Anagrama, 2002.

HAAF, Meredith. *Dejad de lloriquear: sobre una generación y sus problemas superfluos*. Barcelona: Alpha Decay, 2012.

LINDO, Elvira. Niños sin banda ancha [04/04/2020]. In: *El País*, versão digital. Disponível em: <tinyurl.com/w273vc9v> (Acesso: 19 jul. 2021).

LIPOVETSKY, Gilles. *A era do vazio: Ensaios sobre o individualismo contemporâneo*. Tradução de Therezinha Monteiro Deutsch. São Paulo: Manole, 2005.

LÓPEZ, Helena. El fin del "espejismo de la igualdad escolar" [13/04/2020]. In: *elPeriódico*, versão digital. Disponível em: <tinyurl.com/tytdmc2d> (Acesso: 19 jul. 2021).

LLUCH, Gemma. Un nuevo lector juvenil: De *Perdidos* a *Harry Potter*, pasando por los foros y el YouTube. In: *Revista CLIJ*, n. 221. España, 2008.

MARGALLO, Ana María. Entre la lectura juvenil y la adulta: El papel de los *best-sellers*. In: COLOMER, Teresa (org.). *Lecturas adolescentes*. Barcelona: Graó, 2009.

MARTÍN ALVAREZ, Nieves. Jóvenes consumidores en el siglo XXI. In: *Cuadernos de pedagogía*, n. 292, 2000.

MONTES, Graciela. *Buscar indícios, construir sentidos*. Tradução de Cícero Oliveira. São Paulo: Selo Emília, 2020.

ORDINE, Nuccio. Edgar Morin: Vivimos en un mercado planetario que no ha sabido suscitar fraternidad entre los pueblos [11/04/2020]. In: *El País*, versão digital. Disponível em: <tinyurl.com/5e3uc8yy> (Acesso: 19 jul. 2021).

ORSON WELLES, George; CANTRIL, Hadley. *El guión radiofónico de la invasión desde Marte sobre la novela 'La guerra de los mundos' de H. G. Wells*. Tradução de Jiménez Hefferman. Madrid: Abada Editores, 2012.

NODELMAN, Perry. Somos mesmo todos censores? Dois ensaios de Perry Nodelman. Tradução de Lenice Bueno. São Paulo: Selo Emília, 2020.

PAZ-CASTILLO, María Fernanda; BELLORÍN, Brenda *et al.* (coord.). *Un encuentro con la crítica y los libros para niños*. Caracas: Banco del libro, 2001.

PENNAC, Daniel. *Como um romance*. Tradução de Bernardo Ajzenberg. Rio de Janeiro: Rocco, 1993.

PETIT, Michèle. *Nuevos acercamientos a los jóvenes y la lectura*. Tradução de Rafael Segovia e Diana Luz Sánchez. México: Fondo de Cultura Económica, 1999.

PETIT, Michèle. *Dos o tres pasos hacia el mundo de lo escrito*. Tradução de Silvia Castrillón e Paola Isabel Roa Urrego. Bogotá: Asolectura, 2008.

PETIT, Michèle. *A arte de ler, ou como resistir à adversidade*. Tradução de Arthur Bueno e Camila Boldrini. São Paulo: Ed. 34, 2009.

PETIT, Michèle. *Leituras: do espaço íntimo ao espaço público*. Tradução de Arthur Bueno e Camila Boldrini. São Paulo: Ed. 34, 2013.

PIGLIA, Ricardo. *Crítica y ficción*. Barcelona: Anagrama, 2001.

PRENSKY, Marc. *Enseñar a nativos digitales*. Madrid: Ediciones SM, 2011.

RAMADA PRIETO, Lucas; GRIS, Hugo M. Donde vivan los juegos. In: *CCCBLAB*, versão digital, 2020. Disponível em: <tinyurl.com/pdmxjewm> (Acesso: 19 jul. 2021).

ROSA, Isaac. El mundo se derrumba, pero que los chavales no pierdan clase. [07/04/2020]. Eldiario.es. Disponível em: <tinyurl.com/53drct7s> (Acesso: 19 jul. 2021).

ROSENBLATT, Louise M. *La literatura como exploración*. Tradução de Victoria Schussheim. México: Fondo de Cultura Económica, 2002.

SAID, Edward Wadie. *Reflexões sobre o exílio e outros ensaios*. Tradução de Pedro Maia Soares. São Paulo: Cia das Letras, 2001.

SALTZ, Jerry. Art at Arm's Length: A History of the Selfie. In: *Vulture*. Artigo foi publicado originalmente em 03/02/2014 na *New York Magazine*. Disponível em: <tinyurl.com/3tbnj-z4e> (Acesso: 15 jul. 2021).

SÁNCHEZ CORRAL, Luis. *Violencia, discurso y público infantil*. España: Universidad de Castilla-La Mancha, 2005.

SARLAND, Charles. *La lectura en los jóvenes: Cultura y respuesta*. Tradução de Luz Diana Sanchez. México: Fondo de Cultura Económica, 2003.

SATOSHI, Ando. Regaining Continuity with the Past: Spirited Away and Alice's Adventures in Wonderland. In: *Bookbird*, n. 1, 2008, p. 23-29.

SAVAGE, Jon. *Teenage: La invención de la juventud 1875-1945*. Tradução de Enrique Maldonado Roldán. Madrid: Desperta Ferro, 2018.

SERNA MARTÍN, Miguel Ángel. El fin de la infancia. In: *Dioptrías*, versão digital [23/12/2012]. Disponível em: <tinyurl.com/szdpcmk7> (Acesso: 19 jul. 2021).

SIBILIA, Paula. *La intimidad como espectáculo*. Tradução de Soledad Laclau. México: Fondo de Cultura Económica, 2008.

SILVA-DÍAZ, María Cecilia. Entre el escrito y uno mismo: Realismo juvenil y construcción de identidades. In: COLOMER, Teresa (org.). *Lecturas adolescentes*. Barcelona: Graó, 2009.

TAPIA, Ivan; MONTSE, Linde. *La casa de papel: O diário do professor (Escape book)*. Tradução de Sandra Martha Dolinsky. São Paulo: Planeta, 2020.

VARGAS LLOSA, Mario. *A civilização do espetáculo*. Tradução de Ivone Benedetti. Rio de Janeiro: Objetiva, 2013.

ZAID, Gabriel. *Leer*. México: Océano Travesía, 2012.

OBRAS DE FICÇÃO

AKAPOETA. *O livro dos ressignificados*. São Paulo: Paralela, 2017.

ALENCAR, José de. *Cinco minutos & A viuvinha*. São Paulo: FTD, 2011.

ÁLVAREZ, Blanca. *Palabras de pan*. Zaragoza: Edelvives, 2005.

ATWOOD, Margaret. *O conto da aia*. Tradução de Ana Deiró. Rio de Janeiro: Rocco, 2006.

ASHER, Jay. *Por trece razones*. Barcelona: Nube de tinta, 2007.

BARBERY, Muriel. *A elegância do ouriço*. Tradução de Rosa Freire Aguiar. São Paulo: Cia das Letras, 2008.

BARRIE, James Matthew. *Peter Pan – A origem da Lenda*. Tradução de Suria Scapin. São Paulo: Universo dos Livros, 2015.

BARTUAL, Manuel. *El otro Manuel*. Barcelona: Planeta, 2018.

BAUM, L. Frank. *O maravilhoso mágico de Oz*. Tradução de Laura Folgueira. São Paulo: Ciranda Cultura, 2020.

BENSIMON, Carol. *O clube dos jardineiros de fumaça*. São Paulo: Cia das Letras, 2017.

BERNARDO, Gustavo. *O mágico de verdade*. Rio de Janeiro: Rocco, 2011.

BERNARDO, Gustavo. *Monte Verità*. Rio de Janeiro: Rocco, 2011.

BERNARDO, Gustavo. *Nanook: Ele está chegando*. Rio de Janeiro: Rocco, 2016.

BERTRAND, Sara; ACOSTA, Alejandra. *A mulher da guarda*. Tradução de Cícero Oliveira. São Paulo, Selo Emília/Solisluna, 2019.

BIEBER, Justin. *Justin Bieber: First Step 2 Forever. My Story*. London: HarperCollins, 2011.

BODOC, Liliana. *Los días del venado*. Buenos Aires, Grupo editorial Norma, 2000.

BODOC, Liliana. *Los días de la sombra*. Buenos Aires: Grupo editorial Norma, 2002.

BODOC, Liliana. *Los días del fuego*. Buenos Aires: Grupo editorial Norma, 2004.

BODOC, Liliana. *El mapa imposible*. Caracas: Alfaguara, 2008.

BOJUNGA, Lygia. *6 vezes Lucas*. Rio de Janeiro: Casa Lygia Bojunga, 1996.

BROOKS, Ben. *Grow up*. Edimburgo: Canongate Books, 2011.

BUTEN, Howard. *When I Was Five I Killed Myself: A Novel*. New York: Overlook Press, 2014.

CAICEDO, Andrés. *¡Qué viva la música!* Bogotá: Random House, 1977.

CAMUS, Albert. *O estrangeiro*. Tradução de Valerie Rumjanek. São Paulo: Record, 2019.

CARRASCOZA, João Anzanello; CARRASCOZA, Juliana M. *Catálogo de Perdas*. São Paulo: Sesi-SP, 2017.

CARRASCOZA, João Anzanello. *Aquela água toda*. São Paulo: Alfaguara, 2018.

CARRETERO, Nacho. *Fariña*. Madrid: Libros KO, 2015.

CARROLL, Lewis. *Alice no País das Maravilhas*. Tradução de Luiz Zerbibi. São Paulo: Cosac Naify, 2009.

CASTELLO, José; OTERO, Andrés. *Dentro de mim ninguém entra*. São Paulo: Berlendis, 2019.

CHBOSKY, Stephen. *As vantagens de ser invisível*. Tradução de Ryta Vinagre. Rio de Janeiro: Rocco Jovens Leitores, 2021.

CLARE, Cassandra. *Cidade dos ossos: Os instrumentos mortais*, v. 1. Tradução de Rita Sussekind. Rio de Janeiro: Record, 2007.

CLARE, Cassandra. *Cidade das cinzas: Os instrumentos mortais*, v.2. Tradução de Rita Sussekind. Rio de Janeiro: Record, 2013.

CLARE, Cassandra. *Cidade de vidro: Os instrumentos mortais*, v. 3. Tradução de Rita Sussekind. Rio de Janeiro: Record, 2013.

CLARE, Cassandra. *Cidade dos anjos caídos: Os instrumentos mortais*, v. 4. Tradução de Rita Sussekind. Rio de Janeiro: Record, 2013.

CLARE, Cassandra. *Cidade das almas perdidas: Os instrumentos mortais*, v. 5. Tradução de Rita Sussekind. Rio de Janeiro: Record, 2013.

CLINE, Ernest. *Jogador Nº 1*. Tradução de Carolina Caires Coelho. São Paulo: Leya, 2012.

COLASANTI, Marina. *Tudo tem princípio e fim*. São Paulo: Escarlate, 2017.

COLLINS, Suzanne. *Jogos vorazes – A trilogia*. Tradução de Alexandre D'Elia. Rio de Janeiro: Rocco, 2012.

CORTÁZAR, Julio. *O jogo da amarelinha*. Tradução de Fernando de Castro Ferro. Rio de Janeiro: Civilização Brasileira, 2014.

CUENCA, João Paulo. *Descobri que estava morto*. São Paulo: Tusquets Editores, 2016.

DE LA PARRA, Teresa. *Memorias de Mamá Blanca*. Caracas: Monte Ávila, 1987.

DILL, Luís. *Dick Silva – No mundo intermediário*. São Paulo: Pulo do Gato, 2016.

DOSTOIÉVSKI, Fiódor. *Crime e castigo*. Tradução de Paulo Bezerra e Ilustrações de Evandro Carlos Jardim. São Paulo: Ed. 34, 2009.

EL RUBIUS. *El libro troll*. España: Planeta, 2014.

ENDE, Michael. *A história sem fim*. Tradução de Maria do Carmo Cary. São Paulo: Martins Fontes, 1991.

FARIAS, Juan. *Los caminos de la Luna*. Madrid: Anaya, 1997.

FITZPATRICK, Becca. *Hush, hush*. Tradução de Pablo M. Migliozzi. Barcelona: Ediciones B, 2009.

FUNKE, Cornelia. *Coração de tinta*. Tradução de Sonali Bertuol. São Paulo: Cia das Letras, 2006.

FUNKE, Cornelia. *Sangue de tinta*. Tradução de Sonali Bertuol. São Paulo: Cia das Letras, 2009.

FUNKE, Cornelia. *Morte de tinta*. Tradução de Carola Saavedra. São Paulo: Cia das Letras, 2010.

GAARDER, Jostein. *O mundo de Sofia*. Tradução de Leonardo Pinto Silva. São Paulo: Companhia das Letras, 2012.

GALLEGO, Laura. *Memorias de Idhún I: La Resistencia*. Madrid: SM, 2004.

GALLEGO, Laura. *Memorias de Idhún II: Tríada*. Madrid: SM, 2005.

GALLEGO, Laura. *Memorias de Idhún III: Panteón*. Madrid: SM, 2006.

GARCIA, Kami; STOHL, Margaret. *Hermosas criaturas*. Bogotá: Espasa, 2008.

GARCÍA LLORCA, Antoni. *El salvaje*. Madrid, SM, 2009.

GARRIGÓS, A. Lectura, memoria y metáfora. Sabores letrados. In: CASSANY, D. (comp.). *Para ser letrados: voces y miradas sobre la lectura*. Barcelona, España: Paidós, 2009.

GARMENDÍA, German. *Hola, soy Germán: #chupaelperro*. España: Alfaguara, 2016.

GEISLER, Luisa. *Quiçá*. São Paulo: Record, 2012.

GOREY, Edward. *Los pequeños macabros o después de la excursión*. Tradução de Marcial Souto. Barcelona: Libros del Zorro, 2014.

GRANDES, Almudena. *Estaciones de paso*. Barcelona: Tusquests, 2005.

GREEN, John. *A culpa é das estrelas*. Tradução de Renata Pettengill. Rio de Janeiro: Intrínseca, 2012.

GREEN, John. *Cidades de papel*. Tradução de Juliana Romeiro. Rio de Janeiro: Intrínseca, 2013.

GIORDANO, Paolo. *A solidão dos números primos*. Tradução de José J. Serra. Rio de Janeiro: Rocco, 2009.

HARRIS, Charlaine. *Muerto hasta el anochecer*. Tradução de Laura Jambrina. Madrid, Suma, 2011.

HARRIS, Charlaine. *Vivir y morir en Dallas*. Tradução de Omar El-Kashef Calabor. Madrid: Suma, 2011.

HARRIS, Charlaine. *El club de los muertos*. Tradução de Omar El-Kashef Calabor. Madrid: Suma, 2011.

HINTON, S. E. *The outsiders: Vidas sem rumo*. Tradução de Ana Guadalupe. Rio de Janeiro: Intrínseca, 2020.

HUNTER, Erin. *Gatos guerreiros*. Tradução de Marilena Moraes. São Paulo: WMF Martins Fontes, 2015.

JAMES, Erika Leonard. *Cinquenta tons de cinza*. Tradução de Adalgisa Campos da Silva. Rio de Janeiro: Intrínseca, 2012.

JAMES, Erika Leonard. *Cinquenta tons mais escuros*. Tradução de Juliana Romeiro. Rio de Janeiro: Intrínseca, 2012.

JAMES, Erika Leonard. *Cinquenta tons de liberdade*. Tradução de Maria Carmelita Dias. Rio de Janeiro: Intrínseca, 2012.

JARAMILLO, Juan Pablo. *La edad de la verdad*. Bogotá: Planeta, 2015.

KAFKA, Franz. (1915). *A metamorfose*. Organização e tradução de Celso Donizete Cruz. São Paulo: Hedra, 2009.

KISHIMOTO, Masashi. *Naruto*, n. 1. Barcelona: Planeta de Agostini, 2013.

KURUMADA, Masami. *Saint Seiya – Los caballeros del zodíaco*, n. 1. Barcelona: Glénat, 2001.

LACERDA, Nilma. *Estrela de rabo e outras histórias doidas*. Rio de Janeiro: Nova Fronteira, 2000.

LOZANO, Pilar. *Era como mi sombra*. Bogotá, SM, 2015.

LOZANO, Héctor. *Cuando fuimos los peripatéticos*. Barcelona: Planeta, 2018.

MCCORMICK, María Inés. *Algo pasa en La Quinta San Roque*. Bogotá: SM, 2017.

MACHADO DE ASSIS, Joaquim Maria. *Memórias póstumas de Brás Cubas*. São Paulo: Penguin, 2014.

MAESTRO, Pepe. *Una pluma de cuervo blanco*. Barcelona: Edelvives, 2007.

MALTEZ, Manu. *Desequilibristas*. São Paulo: Editora Peirópolis, 2014.

MAÑAS, José Ángel. *Historias del Kronen*. Madrid: Destino, 1998.

MARTIN, George R. R. *A guerra dos tronos: As crônicas de Gelo e Fogo*. Tradução de Jorge Candeias. São Paulo: Cia das Letras, 2019.

MARTIN, George R. R. *A guerra dos tronos: A fúria dos reis*. Tradução de Jorge Candeias. São Paulo: Cia da Letras, 2019.

MARTIN, George R. R. *A guerra dos tronos: A tormenta de espadas*. Tradução de Jorge Candeias. São Paulo: Cia da Letras, 2019.

MARTIN, George R. R. *A guerra dos tronos: O festim dos corvos*. Tradução de Jorge Candeias. São Paulo: Cia da Letras, 2019.

MARTIN, George R. R. *A guerra dos tronos: A dança dos dragões*. Tradução de Jorge Candeias. São Paulo: Cia da Letras, 2019.

MARTIN, Francisco. *Piedra de mar*. Caracas: Monte Ávila, 1968.

MELLO, Roger; CAVALCANTE, Felipe. *Clarice*. São Paulo: Global Editora, 2018.

MEYER, Stephenie. *Eclipse*. Tradução de Ryta Vinagre. Rio de Janeiro: Intrínseca, 2009.

MEYER, Stephenie. *Lua nova*. Tradução de Ryta Vinagre. Rio de Janeiro: Intrínseca, 2008.

MEYER, Stephenie. *Crepúsculo*. Tradução de Ryta Vinagre. Rio de Janeiro: Intrínseca, 2008.

MEYER, Stephenie. *Amanhecer*. Tradução de Ryta Vinagre. Rio de Janeiro: Intrínseca, 2009.

MOCCIA, Federico; CABRÉ, María Ángeles. *A tres metros sobre el cielo*, España: Planeta, 2008.

montaña ibáñez, Francisco. *No comas renacuajos*. Colômbia: Babel Libros, 2008.

moore, Alan. *V de Vingança*. Rio de Janeiro: Globo, 1990.

MUÑOZ PUELLES, Vicente. *La guerra de Amaya*. Madrid: Anaya, 2010.

MURGUÍA, Verónica. *Auliya*. México D.F.: Biblioteca Era, 2005.

MURGUÍA, Verónica. *Loba*. Madrid: SM, 2013.

NABOKOV, Vladimir. *Lolita*. Tradução de Sergio Flaksman. São Paulo: Alfaguara, 2011.

NGOZI ADICHIE, Chimamanda. *Americanah*. Tradução de Júlia Romeu. Cia das Letras, 2014.

NÖSTLINGER, Christine. *Bonsai*. Tradução de María de las Mercedes Ortiz. Bogotá: Norma, 2015.

ORO, Begoña. *Pomelo y limón*. Madrid: Ediciones SM, 2011.

ORWELL, George. *1984*. Tradução de Alexandre Hubner e Heloisa Jahn. São Paulo: Cia das Letras, 2020.

PAMUK, Orhan. *Istambul: Memória e cidade*. Tradução de Sergio Flaksman. São Paulo, Cia das Letras, 2007.

PAOLINI, Christopher. *Eragon*. Tradução de John Jude Palencar e Andrea Alves Silva. Alfragide/Portugal: Edições ASAII, 2003.

PAOLINI, Christopher. *Eragon*. Barcelona: Roca editorial, 2003.

PAOLINI, Christopher. *Eldest*. Barcelona: Roca editorial, 2005.

PAOLINI, Christopher. *Brisingr*. Barcelona: Roca editorial, 2008.

PAOLINI, Christopher. *Legado*. Barcelona: Roca editorial, 2011.

PATERSON, Katherine. *Ponte para Terabítia*. Tradução de Ana Maria Machado. São Paulo: Salamandra, 2006.

PESSOA, Ana. *Mary John*. São Paulo: Sesi-SP, 2018.

PULLMAN, Philip. *Luces del norte*. Barcelona: Ediciones B, 1995.

PULLMAN, Philip. *La daga*. Barcelona: Ediciones B, 1996.

PULLMAN, Philip. *El catalejo lacado*. Barcelona: Ediciones B, 2000.

RALPH, Brian. *Daybreak*. La Vergne: Drawn & Quaterly, 2020.

REYNA, Pablo C. *#soyidhunita*. Madrid: Ediciones SM, 2013.

REYES, Yolanda. *Los años terribles*. Bogotá, Norma, 2000.

RHUE, Morton. *Die Welle: In Einfacher Sprache*. Berlin: Münster Spaß am Lesen Verlag, 2018.

RIORDAN, Rick. *Percy Jackson e os olimpianos: O ladrão de raios*. Tradução de Ricardo Gouveia. Rio de Janeiro: Intrínseca, 2008.

RIORDAN, Rick. *Percy Jackson e os olimpianos: O mar de monstros*. Tradução de Ricardo Gouveia. Rio de Janeiro: Intrínseca, 2014.

RIORDAN, Rick. *Percy Jackson e os olimpianos: A maldição do titã*. Tradução de Raquel Zampil. Rio de Janeiro: Intrínseca, 2014.

RIORDAN, Rick. *Percy Jackson e os olimpianos: A batalha do labirinto*. Tradução de Raquel Zampil. Rio de Janeiro: Intrínseca, 2014.

RIORDAN, Rick. *Percy Jackson e os olimpianos: O último olimpiano*. Tradução de Rodrigo Peixoto. Rio de Janeiro: Intrínseca, 2012.

RIORDAN, Rick. *Percy Jackson e os olimpianos: Os arquivos do semideus*. Tradução de Luciana Bastos. Rio de Janeiro: Intrínseca, 2014.

RIVAS, Manuel. *La mano del emigrante*. Madrid: Alfaguara, 2001.

ROBLEDO, Beatriz Helena. *Flores blancas para papá*. Bogotá: SM, 2012.

ROWLING, J. K. *Harry Potter e a Pedra Filosofal*. Tradução de Lia Wyler. Rio de Janeiro: Rocco, 1997.

ROWLING, J. K. *Harry Potter e o Prisioneiro de Azkaban*. Tradução de Lia Wyler. Rio de Janeiro: Rocco, 1999.

ROWLING, J. K. *Harry Potter e o Cálice de Fogo*. Tradução de Lia Wyler. Rio de Janeiro: Rocco, 2000.

ROWLING, J. K. *Harry Potter e a Ordem da Fênix*. Tradução de Lia Wyler. Rio de Janeiro: Rocco, 2003.

ROWLING, J. K. *Harry Potter e o Enigma do Príncipe*. Tradução de Lia Wyler. Rio de Janeiro: Rocco, 2005.

ROWLING, J. K. *Harry Potter e as Relíquias da Morte*. Tradução de Lia Wyler. Rio de Janeiro: Rocco, 2007.

RUESCAS, Javier. *Play*. Barcelona: Montena, 2012.

RUESCAS, Javier. *Show*. Barcelona: Montena, 2013.

RUESCAS, Javier. *Live*. Barcelona: Montena, 2014.

RUESCAS, Javier; MIRALLES, Francesc. *Pulsaciones*. Madrid: SM, 2013.

RUTER, Pascal. *Cœur en braile*. Paris: Livre de Poche Jeunesse, 2017.

RYAN, Jeanne. *Nerve*. London: Simon & Schuster Children's UK, 2016.

SÁNCHEZ RUGELES, Eduardo. *Blue Label/Etiqueta azul*. Caracas: Los Libros de El Nacional, 2010.

SANDOVAL, Jaime Alfonso. *Operativo nini*. México: Norma, 2011.

SAFRAN FOER, Jonathan. *Extremely Loud and Incredibly Close: A Novel*. New York: Mariner Books, 2011.

SAFRAN FOER, Jonathan. *Tan fuerte, tan cerca*. Barcelona: Random House Mondadori, 2012.

SANTA ANA, Antonio. *Nunca seré un superhéroe*. Bogotá: Norma, 2004.

SANTANA, Bianca; VELASCO, Mateu. *Quando me descobri negra*. São Paulo: Editora Sesi-SP, 2015.

SATRAPI, Marjane. *Persépolis*. Tradução de Paulo Werneck. São Paulo: Companhia das Letras, 2004.

SHUSTERMAN, Neal. *Everlost*. Madrid: Anaya, 2011.

SHUSTERMAN, Neal. *Everwild*. Madrid: Anaya, 2012.

SHUSTERMAN, Neal. *Everlost*. Madrid: Anaya, 2011.

SHUSTERMAN, Neal. *Everwild*. Madrid: Anaya, 2012.

SHUSTERMAN, Neal. *Desconexión*. Tradução de Adolfo Muñoz García. Madrid: Anaya, 2013.

SHUSTERMAN, Neal. *Fragmentados*. Tradução de Camila Fernandes. Ribeirão Preto: Novo Conceito Editora, 2015.

SHUSTERMAN, Neal. *Reconexión*. Tradução de Pilar Ramírez Tello. Madrid: Anaya, 2013.

SHUSTERMAN, Neal. *Desintegrados*. Tradução de Camila Fernandes. Ribeirão Preto: Novo Conceito Editora, 2016.

SHUSTERMAN, Neal. *Everfound*. Tradução de Adolfo Muñoz. Madrid: Anaya, 2013.

SHUSTERMAN, Neal. *Inconexión*. Tradução de Adolfo Muñoz. Madrid: Anaya, 2015.

SHUSTERMAN, Neal. *Conexión*. Tradução de Adolfo Muñoz. Madrid: Anaya, 2016.

SHUSTERMAN, Neal. *El abismo*. Tradução de Adolfo Muñoz. Madrid: Anaya, 2017.

SHUSTERMAN, Neal. *Siega*. Tradução de Pilar Ramírez Tello. Madrid: Nocturna, 2017.

SHUSTERMAN, Neal. *O ceifador*. Tradução de Guilherme Miranda. São Paulo: Cia das Letras, 2017.

SHUSTERMAN, Neal. *Nimbo*. Tradução de Pilar Ramírez Tello. Madrid: Nocturna, 2018.

SHUSTERMAN, Neal. *A nuvem*. Tradução de Guilherme Miranda. São Paulo: Ca das Letras, 2018.

SPIEGELMAN, Art. *Maus*. Tradução de Antonio Macedo Soares. São Paulo: Quadrinhos na Cia, 2005.

STEVENSON, Robert Louis. *A ilha do tesouro*. Tradução de José Roberto O'Shea. Rio de Janeiro: Zahar, 2020.

SWIFT, Jonathan. *As viagens de Gulliver*. Tradução de Paulo Henriques Britto. São Paulo: Penguin, 2010.

TAN, Shaun. *A chegada*. São Paulo: SM, 2011.

TAN, Shaun. *La ciudad latente*. Albolote: Bárbara Fiore, 2018.

TEIXIDOR, Emili. *Pan negro*. Barcelona: Seix Barral, 2011.

TELLER, Janne. *Nada*. Tradução de Carmen Freixanet. España: Seix Barral, 2011.

TODD, Anna. *After: Tudo começa aqui, v. 1*. Tradução de Alexandre Boide e Carolina Coelho. São Paulo: Editora Paralela, 2014.

TODD, Anna. *After: Depois da verdade, v. 2*. Tradução de Carolina Caires Coelho e Juliana Romeiro. São Paulo: Editora Paralela, 2015.

TODD, Anna. *After: Depois do desencontro, v. 3*. Tradução de Alexandre Boide e Carolina Caires Coelho. São Paulo: Editora Paralela, 2015.

TODD, Anna. *After: Depois da promessa, v. 4*. Tradução de Carolina Caires Coelho. São Paulo: Editora Paralela, 2015.

TOLKIEN, J. R. R. *O Senhor dos Anéis: A Sociedade do Anel*. Tradução de Ronald Kyrmse. São Paulo: HarperCollins Brasil, 2019.

TORIYAMA, Akira. *Dragon Ball*. Barcelona: Planeta de Agostini, 2018.

TRUONG, Nicolas. Edgar Morin : "Cette crise nous pousse à nous interroger sur notre mode de vie, sur nos vrais besoins masqués dans les aliénations du quotidien" [19/04/2020]. Disponível em: <tinyurl.com/4kxrvtwv> (Acesso: 17 ago. 2021).

WELLS, Herbert George. *A guerra dos mundos*. Tradução de Thelma Médici Nóbrega. São Paulo: Suma, 2021.

YUYA. *Los secretos de Yuya*. Barcelona: Martínez Roca, 2014.

ZENATTI, Valérie. *Uma garrafa no mar de Gaza*. Tradução de Julia da Rosa Simões. São Paulo: Cia das Letras, 2012.

ZUBIRARRETA, Patxi. *El maravilloso viaje de Xía Tenzin*. Ilustrações de Jacobo Muniz. Madrid: Edelvives. 2009.

FILMES

Vingadores: Ultimato. Direção de Anthony Russo e Joe Russo. Marvel Studios, 2019 (3h02m).

Pantera Negra. Direção de Ryan Coogler. Marvel Studios, 2018 (2h15m).

Me chame pelo seu nome. Direção de Lucas Guadagnino. Frenesy Film Company, 2017 (2h12m).

Os instrumentos mortais: Cidade dos ossos. Direção de Harald Zwart. Constantin Film Production, 2013 (2h10m).

O Senhor dos Anéis: A Sociedade do Anel. Direção de Peter Jackson. New Line Cinema, 2001 (3h48m).

O Senhor dos Anéis: As duas torres. Direção de Peter Jackson. New Line Cinema, 2002 (3h43m).

O Senhor dos Anéis: O retorno do rei. Direção de Peter Jackson. New Line Cinema, 2003 (4h11m).

A Viagem de Chihiro. Direção Hayao Miyazaki. Studio Ghibli, 2001 (2h05m).

No vale das sombras. Direção de Paul Haggis. Warner Independent Pictures, 2007 (2h11m).

Harry Potter e a Pedra Filosofal. Direção de Chris Columbus. Warner Bros., 2001 (2h39m).

Harry Potter e a Câmara Secreta. Direção de Chris Columbus. Warner Bros., 2002 (2h54m).

Harry Potter e o Prisioneiro de Azkaban. Direção de Alfonso Cuarón. Warner Bros., 2004 (2h22m).

Harry Potter e o Cálice de Fogo. Direção de Mike Newell. Warner Bros., 2005 (2h37m).

Harry Potter e a Ordem da Fênix. Direção de David Yates. Warner Bros., 2007 (2h22m).

Harry Potter e o Enigma do Príncipe. Direção de David Yates. Warner Bros., 2009 (2h34m).

Harry Potter e as Relíquias da Morte: Parte 1. Direção de David Yates. Warner Bros, 2010 (2h26m).

Harry Potter e as Relíquias da Morte: Parte 2. Direção de David Yates. Warner Bros, 2011 (2h10m).

Hoje eu quero voltar sozinho. Direção de Daniel Ribeiro. Lacuna Filmes, 2014 (1h37).

La llamada. Direção de Javier Ambrossi e Javier Calvo. Lo Hacemos y Ya Vemos, 2017 (1h49m).

Moonlight: Sob a luz do luar. Direção de Barry Jenkins. A24, 2016 (1h51m).

Viagem ao fundo do mar. Direção de Irwin Allen. 20th Century-Fox, 1961 (1h46m).

SÉRIES

3% (Netflix, 2016-2020)

13 Reasons Why (Netflix, 2017-)

A menina sem qualidades (MTV, 2013)

Boca a boca (Netflix, 2020)

Big Mouth (Netflix, 2017-)

Black Mirror (Channel 4/Netflix, 2011-2019)

Breaking Bad (Sony Pictures Television, 2008-2013)

Coisa mais linda (Netflix, 2019)

CSI (CBS, 2000-2015)
Cara gente branca (Netflix, 2017-)
Dragon Ball (Toei Animation, 1986-1989)
Dragon Ball Z (Toei Animation, 1989-1996)
Daybreak (Netflix, 2019-)
Dexter (Showtime, 2006-2013)
El Capo (RCN Televisión, 2009-2010)
Escobar: El patrón del mal (Caracol Televisión, 2012)
Euphoria (HBO, 2019-)
Fariña (Antena 3, 2018-)
Física o Química (Antena 3, 2008-2011)
Game of Thrones (HBO, 2011-2019)
Girls (HBO, 2012-2017)
Glee (FOX, 2009-2015)
Gossip Girl (Warner Bros., 2007-2010)
Heathers (HBO, 2018)
Here and now (HBO, 2018)
Homeland (Showtime, 2011-)
La casa de papel (Antena 3, 2017-)
A rainha do tráfico (Telemundo, 2011)
Legion (FX, 2017-2019)
Lost (ABC, 2004-2010)
Merlí (Veranda TV, 2015-2018)
Mr. Robot (USA Network, 2015-)
Narcos (Netflix, 2015-)
Nasce uma rainha (Netflix, 2020)

Onisciente (Netflix, 2020)

Os Cavaleiros do Zodíaco (Toei Animation, 1986-1989)

Paquita Salas (Flooxer, 2016)

Pico da Neblina (HBO, 2019)

Please like me (ABC2, 2013-2016)

Pokemón (OLM, Inc., 1997-2002; OLM, Inc., 2002-2006; OLM, Inc., 2006-2010; OLM, Inc., 2010-2013; OLM, OLM., 2013-2016; OLM, Inc., 2016-)

Reality z (Netflix, 2020)

Sailor Moon (Toei Animation, 1992-1997)

Sailor Moon Crystal (Toei Animation, 2014-2016)

Saint Seiya (Toei Animation, 1986-1989)

Saint Seiya: Saga de Hades (Toei Animation, 2002-2003)

Savage x Fenty Show Vol. I e II (Amazon, 2019-2020)

Scandal (ABC, 2012-2018)

Sintonia (Netflix, 2019)

Skins (E4, 2007-2013)

The Big Bang Theory (CBS, 2007-)

The End of the F***ing World (Netflix, 2017-)

O conto da aia (HBO, 2017-)

The Society (Netflix, 2019-)

The Walking Dead (AMC, 2010-)

True Blood (HBO, 2008-2014)

Vai Anitta (Netflix, 2020)

Agradecimentos

Este livro ajudou a ser viabilizado pelos apoiadores do Instituto Emília, parceiros na aposta da importância da difusão do conhecimento, da arte, da cultura e da literatura.

Agradecemos a Bárbara Franceli Passos, Belisa Monteiro, Bia Gouveia, Carol Fedatto, Carol Hornos, Cícero Oliveira, Denise Guilherme Viotto, Dolores Prades, Emily Anne Stephano, Fabíola Farias, Jardelina Oliveira Passos, Lenice Bueno, Luciana Mendes Ferreira, Sandra Medrano.

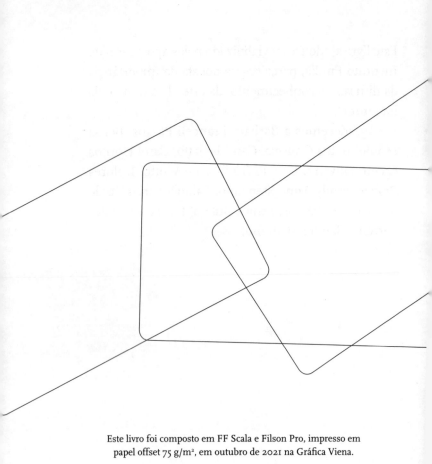

Este livro foi composto em FF Scala e Filson Pro, impresso em
papel offset 75 g/m², em outubro de 2021 na Gráfica Viena.